RESEARCH ON THE CAPITAL OPERATION OF BROADCASTING
AND TELEVISION GROUP IN CHINA

我国广电集团资本运作研究

——基于国企改革经验和深圳案例

陆　昂◎著

经济管理出版社

ECONOMY & MANAGEMENT PUBLISHING HOUSE

图书在版编目（CIP）数据

我国广电集团资本运作研究：基于国企改革经验和深圳案例/陆昂著. —北京：经济管理出版社，2016.12

ISBN 978-7-5096-4733-2

Ⅰ.①我…　Ⅱ.①陆…　Ⅲ.①广播电视—企业集团—资本运作—研究—中国

Ⅳ.①G229.2

中国版本图书馆 CIP 数据核字（2016）第 278115 号

组稿编辑：何　蒂
责任编辑：杨国强　张瑞军
责任印制：黄章平
责任校对：超　凡

出版发行：经济管理出版社
　　　　　（北京市海淀区北蜂窝 8 号中雅大厦 A 座 11 层　100038）
网　　址：www. E-mp. com. cn
电　　话：（010）51915602
印　　刷：北京九州迅驰传媒文化有限公司
经　　销：新华书店
开　　本：720mm×1000mm/16
印　　张：14
字　　数：191 千字
版　　次：2016 年 12 月第 1 版　2016 年 12 月第 1 次印刷
书　　号：ISBN 978-7-5096-4733-2
定　　价：48.00 元

·版权所有　翻印必究·

凡购本社图书，如有印装错误，由本社读者服务部负责调换。

联系地址：北京阜外月坛北小街 2 号

电话：（010）68022974　　邮编：100836

从 20 世纪 90 年代开始，国内一些广电集团（电台、电视台）积极推动下属企业上市融资，积累了一定的资本运作经验，壮大了自身的实力。当前，我国加快推进包括广电体制在内的经济、社会、文化、政治体制改革，上海率先推进广电集团整体改革；我国"三网融合"和"媒体融合"发展趋势日益明显，广电产业发展困难重重，广电集团转型发展势在必行。在这样的形势下，国内一些有远见的广电集团开始积极探索通过资本市场进行融资、投资、并购等资本运作。

广电集团开展资本运作不仅是为了顺应我国改革发展大势，也是为了自身生存发展，既需要勇气也需要智慧，既要总结自身经验也要理论指导和借鉴其他领域经验。本书是一部专门研究我国广电集团资本运作的著作，结合我国广电传媒行业、广电集团的实际，剖析广电传媒投资、广电传媒并购、国有广电传媒企业上市融资、广电传媒企业股权投资、广电集团战略与管控等与广电集团资本运作密切相关的重大问题，借鉴我国国有企业改革和资本运作的经验，以深圳广播电影电视集团为例提出我国广电集团开展资本运作的对策建议。本书是作者在博士后研究基础上结合出站后实际工作经验所著，是博士后研究的进一步深化与提升。作者不仅在深圳广播电影电视集团专职从事过广电传媒资本运作的博士后研究，还在广东省省级国有资本运营公司从事过相关工作，从而使本书兼具前瞻性、理论性和实用性。

目录

我国广电集团资本运作研究
Research on the Capital Operation of Broadcasting
and Television Group in China

一、研究的意义、内容与方法

随着文化体制改革的深入和广电产业的发展，从 20 世纪 90 年代开始，国内一些广电集团（电台、电视台）积极推动下属企业上市融资，积累了一定的资本运作经验，壮大了自身的实力。当前，我国进入了全面深化体制改革的阶段，国家加快推进包括广电体制在内的经济、社会、文化、政治体制改革，上海率先推进广电集团整体改革；我国"三网融合"和"媒体融合"发展趋势日益明显，广电产业发展面临重重困难，广电集团发展转型势在必行。在这样的形势下，一些有远见的广电集团不再局限于上市融资、解决资金问题，而是开始积极探索实施融资、投资、兼并收购等多方面的资本运作，期盼着以此解决广电集团产业经营方面的生存发展壮大问题。

在深入探索实施资本运作的过程中，广电集团迫切需要科学的理论和宝贵的（成功与失败）的经验来指导实际操作。然而，现有理论和广电集团以往经验难以承担此重任。之所以如此，是因为我国政治制度不同于其他市场经济国家且正处于经济社会转型时期，广电集团资本运作

我国广电集团资本运作研究
Research on the Capital Operation of Broadcasting
and Television Group in China

涉及经济学、管理学和新闻传播学等多个学科，无现成的系统理论可直接用于指导广电集团资本运作实际操作；之所以如此，是因为鲜有由我国广电集团实施（包括间接推动实施）的跨省、跨行业、跨所有制的兼并收购活动，大部分省（市）广电集团没有推动下属企业上市融资的经验；之所以如此，是因为实施资本运作的前提条件——现代企业经营管理体制机制的约束进一步凸显，难以逾越。

为顺应理论和实践提出的这些要求，本书有针对性地对广电传媒投资、广电传媒并购、国有广电传媒企业上市融资、广电传媒企业股权投资、广电集团战略与管控等与广电集团资本运作关系密切的重大问题进行研究，在借鉴工商业、金融业等领域国有企业改革与资本运作经验的基础上，以深圳为案例剖析广电集团开展资本运作的优势与劣势、机遇与挑战，进而提出我国广电集团开展资本运作的对策建议。

本书综合运用经济学、管理学、新闻传播学的分析工具，开展多学科交叉研究；采用定性分析与定量分析相结合，实地调研与典型案例分析相结合的方法，开展应用研究。

二、文献综述

20世纪90年代中后期，我国传媒业开始探索资本运作。传媒资本运作研究随之兴起，至今已经掀起三次高潮：第一次发生在2001年我国加入WTO的前后，第二次在2007年我国传媒业集中上市的前后，第三次在新媒体蓬勃发展而传统媒体出现衰败的当前。21世纪以来，国内传媒资本运作研究成果，可归纳为4个方面。

（一）关于资本运作的动因

（1）资本运作源于传媒产品属性和特性。对于传媒产品属性，新闻传播学主流观点经历了一个逐渐演变的过程，最终突破以往观念束缚，认同传媒产品同时具有政治属性与产业性质。不过，对传媒产品的政治属性与产业性质之间的关系，理论界似乎尚未达成共识。一种观点认为，传媒业的政治属性与产业性质之间有矛盾，例如，谢耘耕（2006）认为，传媒产业政治（社会）属性一直被放在首位而产业性质长期得不到认可①。另一种观点则认为，传媒业的政治属性与产业性质之间没有矛盾，例如，严三九（2007）认为，传媒产品的属性既有物质性又有精神性，既有信息产业属性又有意识形态属性，理论上讲，市场规律、新闻传播规律和意识形态工作规律这三种力量的方向是一致的②。对传媒产品的特性，学者们分别运用公共经济学和传媒经济学（以新闻传播学为主并结合经济学基本原理）理论工具进行研究。陈共德（2005）运用公共经济学理论工具把传媒产品分为三类：第一类是纯公共产品，由政府主管意识形态部门和党委宣传机构严格掌控；第二类是准公共产品，由政府与媒体共同提供；第三类是商品或纯私人产品，由行业内外自由提供③。陈芳平（2004）认为，我国传媒业有三个经营特征：相对垄断性，在一定的时间、空间里媒体受众具有较高的稳定性与品牌忠诚度，传媒业的文化新闻属性形成政策性垄断；良好的增值性，传媒通过电波、网络、印刷品等形式向受众传递信息，具有成本低、速度快、影响广泛的特点，使其能迅速形成规模效应和盈利；独特的盈利模式，不是通过直接出售传媒产品获取主要收益，而是尽量扩大传播受众与范围，通过搭售广告、提升品牌影响力等方式盈利④。张世昕（2005）认为，传媒产业的主要经济特征为注意力经济、具有独特使用价值（共享性、一次性、短暂性），同时必须兼顾社会效益与经济效益⑤。传媒产品属性和特性的研究成果，不

① 谢耘耕：《中国传媒资本运营若干问题研究》，《新闻界》，2006 年第 3 期。
② 严三九：《中国传媒资本运营研究》，上海文化出版社，2007 年版。
③ 陈共德：《国有传媒控股集团公司的模式选择与风险管理》，《声屏世界》，2005 年第 7 期。
④ 陈芳平：《传媒产业资本运营的策略研究》，《兰州学刊》，2004 年第 6 期。
⑤ 张世昕：《传媒产业的经济特征浅析》，《宏观经济管理》，2005 年第 7 期。

我国广电集团资本运作研究
Research on the Capital Operation of Broadcasting
and Television Group in China

仅为国内传媒业发展产业奠定理论基础，也为国内传媒业开展资本运作
提供了理论依据。

（2）资本运作是传媒投融资体制改革的需要。理论界普遍认为，计划
经济体制下的传媒业由政府垄断和直接经营，政府成为投资主体，政企
不分，造成传媒产品供给短缺，投资缺乏风险意识和责任约束机制，必
须改革原有的传媒投融资体制。传媒投融资体制改革是渐进式的，赵曙
光、赵文胜（2003）把它分为两个阶段：一是初步创新阶段，改革探索
主要表现为投资实业、吸引业外资本合作经营媒介、媒介下属企业实行
股份制改造以吸引资本投入，没有涉及资本市场；二是借助资本市场阶
段，传媒业借助资本市场实现资源合理配置，主要形式为直接投资金融
证券业，以子公司参股上市公司、子公司直接上市，加入世界贸易组织
后我国传媒产业链的部分环节开始向外资开放①。赵子忠、王伟（2006）
则认为，解决影视行业投融资"瓶颈"必须借助资本市场，开展资本运作②。

（3）资本运作是传媒安全的需要。在 2001 年我国加入世界贸易组织
前后，研究者们围绕传媒安全展开热烈讨论，纷纷主张通过资本运作加
强传媒安全，从而掀起我国传媒资本运作研究的第一次高潮。姚德全、
乔海曙、肖晓敏（2002）认为，我国加入世界贸易组织后，传媒安全与
传媒发展同等重要，而资本运作有助于传媒安全与发展的实现；资本运
作能开辟安全有效的融资渠道③。李建（2002）提出，资本运作是我国传
媒业有效应对加入世界贸易组织的重要措施④。段永刚（2001）⑤、卜玉华
（2003）⑥ 等则提出，通过资本运作扩张规模、整合传媒市场，加速传媒
产业实力扩张，才能应对西方巨型媒介集团的巨大挑战，才能在对外开

---

① 赵曙光、赵文胜：《中国媒介投融资体制的演变与发展》，《传媒观察》，2003 年第 5 期。
② 赵子忠、王伟等：《中国影视投融资的产业透视》，中国传媒大学出版社，2006 年版。
③ 姚德全、乔海曙、肖晓敏：《传媒安全与发展：一个资本运作视角的分析》，《新闻出版交流》，2002 年第 6 期。
④ 李建：《我国加入 WTO 后对传媒业的影响及应对措施》，《北京社会科学》，2002 年第 3 期。
⑤ 段永刚：《我国媒介产业的资本运作》，《新闻与传播研究》，2001 年第 2 期。
⑥ 卜玉华：《资本运作：加速传媒产业扩张——试谈中国传媒产业的资本运用积累》，《记者摇篮》，2003 年第 11 期。

放中最终赢得文化控制权并占据更大的空间。

（4）资本运作是政策放宽的结果。长期以来，我国传媒业一直处于党委政府严格管制之下，传媒资本运作受到多方面严格限制。以 2001 年中国证监会将传播与文化产业列入上市公司 13 个基本产业门类作为标志，传媒资本运作政策环境发生了重大转变。在国家允许传媒企业上市的前后，理论界掀起传媒资本运作研究的第二次高潮。刘再兴（2004）认为，政策放宽使传媒上市门槛降低①。刘友芝（2006）对 2003~2004 年我国传媒资本运作政策放松的特点、范围做了分析，认为 2003 年以来的文化体制改革为传媒集团资本运作提供了有史以来最宽松的政策环境②。张锐（2012）认为，在国家外部政策驱动下，2012 年迎来文化传媒类公司上市高潮，并购整合和板块扩容成为传媒行业资本市场的关键词，包括重点新闻网站和国有大型出版集团在内的众多文化传媒类企业加快进军资本市场③。

（5）资本运作是传媒产业发展的需要。传媒产业发展与资本运作的关系一直是传媒资本运作研究的重要内容。随着近年来全媒体发展趋势日益明显，围绕资本运作在传媒产业发展中的地位和作用，理论界正掀起第三次传媒资本运作研究高潮。何涛（2003）提出，有效利用资本市场的功能对媒体产业进行整合、重组、扩大资产规模、提高经济效益，是传媒产业生存和发展过程中的最佳选择④。胡正荣（2003）认为，传媒资本化是产业重组的必然结果，指出"我国媒介产业重组是一个以资本化为根本特征的币新制度化过程。这个重组过程经历市场化、集团化和资本化三个主要阶段"，同时指出"资本化过程是政治力量与资本力量相互博弈的不可逆的过程，最终是政治力量逐步拥抱经济力量，资本在媒介

① 刘再兴：《资本运作提速——传媒资本运作的政策门槛与具体路径》，《媒介》，2004 年第 6 期。
② 刘有芝：《媒介资本运营的政策环境分析》，《当代传播》，2006 年第 6 期。
③ 张锐：《中国传媒业资本运作现状及趋势分析》，《声屏世界》，2012 年第 3 期。
④ 何涛：《我国传媒产业发展的最佳选择——关于利用资本市场发展传媒产业的战略思考》，《财经研究》，2003 年第 1 期。

我国广电集团资本运作研究
Research on the Capital Operation of Broadcasting
and Television Group in China

的政治和经济活动中扮演着越来越重要的角色"①。周笑（2007）认为，经过多年探索之后，我国国有传媒内容产品的生产与传播，组织机构及业务范畴的扩张，主要推动力正转变为不同产业资本之间的互补合作，而不再依重于行政力量和传媒资本自身的内部裂变②。张锐（2012）认为，随着三网融合推进和移动互联网时代的到来，涌现出了 IPTV、手机电视、网络视频、网络电视等新的媒体业态，国内传媒企业上市融资借力资本市场是其完成战略转型的必要路径③。赵荣水（2013）认为，面对我国文化消费快速增长、新文化形态和网络商业快速发展、传媒服务需求持续增加等新形势，必须通过资本运作完善和延伸产业链条，构建起现代传媒产业价值链④。

（6）资本运作是传媒市场竞争的需要。有不少学者研究了资本运作在传媒市场竞争中的作用，提出资本运作是传媒组织应对市场竞争的重要手段。王宝松（2002）认为，提高资本运营能力是应对激烈竞争的一剂良药，它可以在短时间内为传媒产业融合大量资金，实现传媒产业的超常规发展⑤。黄进（2005）认为，在市场竞争中，传媒业发展与其他产业一样，企业经营从生产经营型到资本运作型的转变，是企业经营与发展在更高层次上的飞跃⑥。韩建中（2006）指出，国外传媒集团迅速扩张的重要途径是资本运营，当今国际巨型传媒集团无不把资本运营作为其重要的发展战略⑦。张华（2010）认为，资本运作是传媒集团实现战略目标的重要手段，有助于调整产业结构和制定产业发展规划，有助于实现资本多元化提升抗风险能力，有助于进一步优化体制机制平台，有助于实

① 胡正荣：《后 WTO 时代我国媒介产业重组及其资本化结果——对我国媒介发展的政治经济学分析》，《新闻大学》，2003 年第 3 期。
② 周笑：《国有传媒正走出自己的资本之路》，《新闻大学》，2007 年第 1 期。
③ 张锐：《中国传媒业资本运作现状及趋势分析》，《声屏世界》，2012 年第 3 期。
④ 赵荣水：《论我国传媒产业价值链的完善与重构》，《人民论坛》，2013 年第 14 期。
⑤ 王宝松：《打造媒体的核心竞争力——传媒与资本联姻的一点思考》，《新闻通讯》，2002 年第 4 期。
⑥ 黄进：《传媒从生产经营到资本运营的经济学分析》，《山东视听》（山东省广播电视学校学报），2005 年第 1 期。
⑦ 韩建中：《传媒行业资本运作的紧迫性分析》，《声屏世界》，2006 年第 5 期。

现资产保值增值和提升品牌形象①。吴志强、凌宪（2011）认为，传媒资本运营是传媒竞争不断加剧的必然选择，是盘活传媒资产的重要手段，是盘活传媒集团有形资产和无形资产的重要手段②。

（二）关于我国传媒资本运作的主体

（1）各种传媒业态的资本运作。理论界分别开展了报业、出版、广电等多种传媒业态的资本运作研究，取得了不少成果。在报业方面，吕建伟等（2003）对报业集团资产管理及资本运营做了初步探讨③；匡导球（2008）研究了报业资本运营的内在逻辑和实现路径，认为资源配置市场化和报业发展战略由内部积累型向外部交易型转换迫使报业主体必须依靠资本市场来推进资源优化配置和结构调整，提出明晰产权关系、建立现代企业制度、保证舆论导向以及文化管理制度改革是报业参与资本运营的必要条件④；杨桃莲、黄瑚（2010）指出，报业资本运营的本质，认为报业的资本运营就是将报业所拥有的可经营性资产，包括和新闻相关的广告、发行、印刷、信息、出版等产业或报业所经营的其他部分，视为可以经营的价值资本，通过价值成本的流动、兼并、重组、参股、交易、转让、租赁等途径进行运作，优化报业资源配置，扩张报业资本规模，进行有效经营，以实现最大限度增值目标⑤。在出版方面，朱亚、王宏波（2002）指出出版领域的资本经营应该遵循循序渐进、梯度开放的原则，还提出了出版业资本运营的方式和步骤⑥；田海明（2011）提出出版企业资本运作思路的重点，即资产并购重组、创新传统出版、开展新

---

① 张华：《提升资本运作能力做强做优传媒集团》，《视听界》，2010 年第 6 期。
② 吴志强、凌宪等：《政策与市场两难语境中我国传媒业资本运作探析》，《四川行政学院学报》，2011 年第 4 期。
③ 吕建伟等：《报业集团资产管理及资本运营研究》，《新闻导刊》，2003 年第 2 期。
④ 匡导球：《报业资本运营的内在逻辑与现实路径》，《南京社会科学》，2008 年第 8 期。
⑤ 杨桃莲、黄瑚：《报业资本运营的发展思路》，《传媒观察》，2010 年第 3 期。
⑥ 朱亚、王宏波：《循序渐进 梯度开发——出版业资本经营的几种方式和步骤》，《出版广角》，2002 年第 5 期。

我国广电集团资本运作研究
Research on the Capital Operation of Broadcasting
and Television Group in China

媒体业务、开展文化关联产业多元化业务等[1]。在广电方面，杨云
（2003）提出，广电产业大规模发展需要大量资金投入，需要寻找外部驱
动力，由业外大资本介入[2]；余飞宇、胡宪玉（2006）提出广电产业资本
运作实施的思路，即调整资本结构、健全相关的法律和制度、实施跨地
区和跨媒体经营、尽快剥离属于政府职能的工作任务、将广告资源和品
牌栏目资源作为广电产业资本运作的主要投入、通过资本链条将多家媒
体有机结合为一体[3]；《视听界》编辑部（2010）提出，广电必须突破固有
的种种门槛与投资方本着共赢的理念进行合作，要携手市场上有战略价
值的领跑者进行体外孵化，利用产业投资基金做强做大[4]；赵秋凤
（2011）提出，我国广电传媒资本运营的方向是"加快产业化运营，进行
跨行业运作"、"建立资源评估体系，积极进行外部融资"、"进行媒体内部
人事制度改革"、"加快广播电视传媒法制化进程，明确媒体和投资者之间
权利和责任关系"[5]；张仙飞（2012）认为，在三网融合的背景下，广电
系公司上市步伐逐步加快[6]。

（2）我国传媒集团化及其资本运作。理论界对我国传媒集团化及其资
本运作做了大量深入研究。李小曼、程明（2005）认为，对传媒经营中
遇到的重大问题研究，包括从产品经营到资本运作的转型，应置于集团
化背景下[7]。胡正荣（2003）提出，虽然我国媒介集团化与欧美国家媒介
集团化在媒介整合和集中方面外在相似，但是在其他方面有着相当大的
差异：在集团化的政策和规制方式上，欧美是放松管制，而我国是强化
政治管制，有限度开放经济管制；在集团化的手段上，北美通过市场进
行，而我国通过政府力量强行重组而成，其中，组织结构设置、人力资

① 田海明：《文化产业的资本运作及发展之思考》，《学术界》，2011 年第 1 期。
② 杨云：《广电产业如何与资本有效结缘》，《中国广播电视学刊》，2003 年第 11 期。
③ 余飞宇、胡宪玉：《浅议广电产业的资本运作》，《中国会计师网》，2006 年 5 月 21 日。
④ 本刊编辑部：《广电传媒的资本化运作成趋势》，《视听界》，2010 年第 1 期。
⑤ 赵秋凤：《广播电视行业资本运营发展方向研究》，《会计之友》，2011 年第 1 期。
⑥ 张仙飞：《广电系上市公司研究》，《广播电视信息》，2012 年第 8 期。
⑦ 李小曼、程明：《中国传媒集团经营发展面临的几个重大问题》，《江西社会科学》，2005
年第 5 期。

源调配、媒介资源配置等均在行政命令中完成，而且仍然保持了政治阶层组织的根本特征；在集团化的路径上，欧美可以通过购并、整合、细分、战略联盟、跨国化等渠道实现集团化，而我国则主要是通过合并渠道完成，在现行的政治经济权力结构中，不可能真正通过战略联盟等渠道建构跨地域、跨媒介的媒介集团①。胡正荣（2003）还认为，我国媒介集团化陷入了制度困境、产权困境、垄断困境和发展战略困境。李岚（2005）认为，传媒企业生存发展的最佳途径在于运用资本运营等手段来筹集资本以建立巨型立体化传媒集团②。陈共德（2005）认为，设立国有传媒集团控股公司是为了适应培育市场主体的需要，是传媒集团化改革的方向；国有传媒集团控股公司可以在行政部门和传媒实体之间发挥隔离的作用，促使政企分开、管办分离，明确国有资产投资主体，进行存量资产调整，实现国有资产的保值增值③。"中国传媒集团化发展与经营问题研究" 课题组（2007）认为，中国传媒集团化是中国传媒产业制度变迁的必然阶段，是中国政府和传媒在各自利益取向下共同的制度选择，而资源整合是中国传媒集团化经营的核心话题④。陈共德（2005）认为，为控制政治等传媒风险，应该加强对传媒集团公司的监管，以设置"防火墙"为核心，通过投资、业务、干部等方面的限制在社会与传媒控股集团之间、控股母公司与子公司之间、公司之间设置屏障，以防止风险相互传染⑤。骆嘉（2009）认为，股权结构是公司治理结构的重要组成部分，科学构架、合理优化我国传媒上市公司股权结构才能提高我国传媒上市公司经营绩效，才能保持并推动我国传媒集团健康发展⑥。

（3）国外传媒集团的资本运作。一些学者对国外传媒集团资本运作做

---

① 胡正荣：《后 WTO 时代我国媒介产业重组及其资本化结果——对我国媒介发展的政治经济学分析》，《新闻大学》，2003 年第 3 期。

② 李岚：《电广传媒资本运作途径报告》，《视听界》，2005 年第 6 期。

③ 陈共德：《国有传媒控股集团公司的模式选择与风险管理》，《声屏世界》，2005 年第 7 期。

④ "中国传媒集团化发展与经营问题研究"课题组：《中国传媒集团化发展的制度审视》，中国媒体发展研究报告，2007 年。

⑤ 陈共德：《国有传媒控股集团公司的模式选择与风险管理》，《声屏世界》，2005 年第 7 期。

⑥ 骆嘉：《我国传媒上市公司的股权结构与绩效关系分析》，《声屏世界》，2009 年第 10 期。

我国广电集团资本运作研究
Research on the Capital Operation of Broadcasting
and Television Group in China

了研究，比较分析了国内外资本运作的异同。邢建毅、将淑媛（2004）认为，国外传媒公司在资本运作方面有以下特点：明晰的产权、规范的公司治理结构，为传媒资本运作的顺利进行创造了先决条件；较为健全的政策、法律和制度环境，为传媒资本运作的开展提供了有力的保证；较完善的资本市场体系及相关中介机构的支持，为传媒资本运作提供了便利的条件[1]。周庆海（2007）深入分析了新加坡政府控制媒介公司的做法，即"新加坡规定报纸和杂志等印刷媒介都按照股份公司的形式组织，公司的股份分为管理股和普通股。管理股占总股份的1%，以后每次扩股都必须保持相同比例。两种股票具有相同的经济权利，在公司其他问题的表决中二者的权力也相同，但对涉及公司人事变动问题进行表决时，每股管理股的股票相当于200股普通股。管理股不在股票市场上流通，不对普通股持有者发行。董事会成员拥有25%的管理股，其余拥有者由国家新闻及艺术部确定，公司不得对人选提出异议。管理股的转让也要经过新闻及艺术部的审查"，认为"管理股的控制保证了国家对媒介公司的控制；国家通过掌握公司的人事权，从组织上对媒介的舆论导向进行了保证"[2]。王妍、莫林虎（2010）总结了默多克新闻集团资本运作经验，认为它的启示主要有：兼并收购是资本运营常用的手法，有时这种购并整合不仅是为了谋求超额利润，而是出于对内容平衡方面的考虑，借以形成规模经济效应；通过垂直一体化结构可以实现在海外市场的经营本土化，良好的多方合作便于快速融入当地市场[3]。李晓红、何芳（2011）剖析了迪士尼集团公司资本运营案例，认为在全球化浪潮中传媒集团和传媒资本的规模不再仅仅局限于国内市场，而需要在全球范围内进行经营运作[4]。吕春光（2013）则介绍了美国广电媒体收购、并购的基本环

① 邢建毅、将淑媛：《对几个国外传媒公司资本运营的评析》，《广播电视信息》，2004 年第 3 期。

② 周庆海：《浅析我国传媒业资本运营的方式与思路》，《黑龙江金融》，2007 年第 7 期。

③ 王妍、莫林虎：《默多克新闻集团资本运营对中国传媒业的启示》，《金融经济》，2010 年第 6 期。

④ 李晓红、何芳：《境外传媒资本运营的方式与启示——以迪士尼集团公司为例》，《新闻爱好者》，2011 年第 20 期。

境，阐释了美国联邦通信委员会对内容商、运营商、播出频率等媒体资本运作相关内容的界定①。李常青、赵婉（2012）比较了中外传媒资本运作特点，认为中外传媒资本运作在方式和范围方面存在较大差异，提出我国应该加快产权制度改革②。

（4）我国传媒资本主体或投资主体多元化。进入 21 世纪以后，我国传媒业资本主体单一、投资主体单一的格局逐渐发生变化，传媒业投资主体、资本主体逐渐多元化。一些学者通过典型案例剖析了我国传媒资本主体或投资主体的多元化，例如，哈如九（2008）介绍了上海新华发行集团有限公司由国有独资改制为国有多元并最终成功上市的实践经验③；葛丽媛（2010）分析了湖北长江出版传媒集团案例，提出国有与民营出版企业可以采取分立、兼并、重组等合作模式④。《社会管理创新与领导干部的媒体素养》课题组（2011）认为，随着资本主体多元化发展，我国传媒市场上将并存两类性质不同的传媒企业，一类是通过各种途径转制的国有传媒企业，另一类是各类社会资本以股份制、民营形式投资于影视制作、放映、演艺、娱乐、发行、会展、中介服务等传媒文化产业形成的民营传媒企业、股份制传媒企业、中外合资或合作的传媒企业⑤。赵荣水（2013）则认为，国内传媒企业应该通过金融资本、文化产业投资基金、证券市场等途径切实改变投资主体单一的状况，应该积极鼓励社会资本和外资进入传媒产业中，拓宽传媒产业投资领域，加快培育多元化的投资主体⑥。

---

① 吕春光：《美国广电媒体收购、并购之基本环境浅析》，《现代电视技术》，2013 年第 6 期。

② 李常青、赵婉：《传媒经济学视野下的中外传媒资本运营比较分析》，《中国报业》，2012 年第 8 期（下）。

③ 哈如九：《做大资本平台实现跨越发展——上海新华传媒股份有限公司的运作实践》，《出版发行研究》，2008 年第 6 期。

④ 葛丽媛：《国有民营出版企业的合作发展之路：湖北长江出版传媒集团资本运营的实践探索》，《出版发行研究》，2010 年第 7 期。

⑤ 《社会管理创新与领导干部的媒体素养》课题组：《政策与市场两难语境中我国传媒业资本运作探析》，《四川行政学院报》，2011 年第 4 期。

⑥ 赵荣水：《论我国传媒产业价值链的完善与重构》，《人民论坛》，2013 年第 14 期。

我国广电集团资本运作研究
Research on the Capital Operation of Broadcasting
and Television Group in China

（三） 关于我国传媒资本运作的方式和途径

传媒资本运作的方式和途径。研究者们对我国传媒资本运作的方式和途径进行了探讨，形成多种看法。姚德全、乔海曙、肖晓敏（2002）认为，资本运作可分为浅层、中层、深层三个层次，浅层资本运作主要是内部资源契合、存量盘活等；中层资本运作指引进债务资金；深层资本运作则进行股份制改造，引进股权资本[1]。张晓群（2005）提出，无形资产是传媒集团的核心资源，是传媒集团进行资本运作和规模扩张的重要手段，传媒集团无形资产运作方式可以分为品牌延伸、无形资产融资和无形资产扩张三种[2]。张春强、戴钧（2006）认为，我国传媒业资本运作主要有三种方式：由国内商业银行授信一定的额度直接获得金融资本的支持；通过市场运作获得国内业外资金，或是从证券市场募集资金；吸纳海外资金及信息资源[3]。李冰、刘琳（2008）认为，资本市场与媒介产业的融合有三种方式：媒体的跨行业合并，从行业外得到自己的资源；媒介以上市公司的身份出现，直接从社会上募集资本；行业外大资本介入媒介产业的运营[4]。田应坪（2010）认为，我国传媒业资本运作的方式主要有三类：一是通过金融资本，即直接获得国内商业银行授信额度的支持；二是通过上市公司从证券市场募集资金；三是利用产业投资基金[5]。解永军、陈庚、吴爽（2011）认为，文化产业投资基金是传媒企业进行资本运作的又一种主要方式，利用文化产业投资基金既可以促进传媒企业提高自身管理水平又可以强化财务杠杆作用盘活现有资产，还可以推

---

[1] 姚德全、乔海曙、肖晓敏：《传媒安全与发展：一个资本运作视角的分析》，《新闻出版交流》，2002 年第 6 期。

[2] 张晓群：《传媒集团的无形资产运营》，《当代传播》，2005 年第 6 期。

[3] 张春强、戴钧：《传媒业资本运营的方式与思路》，《武汉科技大学学报》（社会科学版），2006 年 10 月。

[4] 李冰、刘琳：《中国资本市场与传媒产业融合分析》，《现代传播》（中国传媒大学学报），2008 年第 2 期。

[5] 田应坪：《中国传媒业的资本运作》，《中国广播电视学刊》，2010 年第 12 期。

动传媒业创新，促进新媒体业务发展和媒介融合①。邢会强（2013）分析了我国传媒企业上市路径，认为我国传媒企业主要采取境内直接上市、境内借壳上市、境外直接上市等方式上市融资②。

（四）关于我国传媒资本运作面临的困难

（1）体制机制障碍。张春强、戴钧（2006）认为，我国传媒业现行的"事业单位，企业化经营"运行机制和"多头管理、行业所属、部门所有、条块分割"的四级办报台管理体制导致国有媒体资产所有者缺位，使传媒业难以严格按照现代企业制度建立市场主体并规范运作③。胡韶林（2006）认为，我国广播电视传媒在资本运作方面还存在诸多障碍，应该从广播传媒的机制创新、法制化进程、评估体系、资源整合、上市融资等方面加以改进④。高月梅（2009）认为，我国广播电视传媒资本运作存在体制机制障碍、政策性障碍、评估性障碍、合作性障碍、资源性障碍⑤。赵渊（2011）认为，我国传媒管理体制与运行机制束缚了资本运营的体制空间，而且传媒资本运作配套性的政策体系有待健全⑥。吴志强、凌宪等（2011）认为，传媒产业政治（社会）属性一直被放在首位，实行"事业单位，企业化经营"的管理体制，传媒核心领导不是由资本权力而是行政权力决定；资本运营主体地位不平等，行业外资本投资传媒只能获得一定期限的经营权与收益权，不能获得相应的实际控制权和国家认可的传媒产权，不能拥有传媒的品牌，行业外的社会资本不敢大规模投入；传媒类上市公司远离传媒的本质核心业务⑦。

---

① 解永军、陈庚、吴爽：《文化产业大传媒时代将至》，《投资北京》，2011 年第 5 期。
② 邢会强：《传媒企业上市路径》，《资本市场》，2013 年第 8 期。
③ 张春强、戴钧：《传媒业资本运营的方式与思路》，《武汉科技大学学报》（社会科学版），2006 年 10 月。
④ 胡韶林：《广播电视传媒资本运作之思考》，《改革与战略》，2006 年第 6 期。
⑤ 高月梅：《浅谈广播电视传媒资本运作的主要障碍》，《硅谷》，2009 年第 15 期。
⑥ 赵渊：《传媒资本运营的路径抉择：基于制度创新的视角》，《北方经济》，2011 年第 21 期。
⑦ 吴志强、凌宪等：《政策与市场两难语境中我国传媒业资本运作探析》，《四川行政学院学报》，2011 年第 4 期。

我国广电集团资本运作研究
Research on the Capital Operation of Broadcasting
and Television Group in China

（2）政府职能转变不到位。丁双珍（2008）认为，资本运作是一种完全市场化的产物，在我国出版业资本市场机制尚不健全的情况下，行政协调将是非常好的催化剂和润滑剂，但行政协调中出现的拉郎配式的操作方法弊端很明显[1]。崔恩慧（2011）认为，在三网整合的大背景下，社会资本大量涌入传媒产业之际，中国传媒企业能否得到空前的发展，首先取决于政府能否改变过去的传统角色[2]。

（3）传媒资本运作能力弱。阮志孝（2003）分析了传媒资本运营陷阱，提出上市传媒公司主营业务好而整体经营效益下降的原因在于陷入重组陷阱和投资陷阱，大众传媒遭遇资本运营陷阱的原因主要有：大众传媒与资本的错位，传媒经营的稳健性与资本的扩张性相冲突，资本与传媒的性格不合[3]。张春华、樊士德（2003）总结了以往经验，认为我国传媒业资本运作普遍存在四个误区：盲目投资，忽略机会成本；融资渠道窄，效益低；资本结构趋向极端；经营管理理念有待彻底转变[4]。赵秋凤（2011）认为，我国广播电视行业自身缺乏资本运营条件：缺乏明晰的权利分割体系；缺乏多元化盈利模式；缺乏专业的资本运营人才[5]。旷晓兰（2012）认为，在探索资本运作过程中，我国许多传媒企业"以股抵债"产生了诸如不符合产权信用关系受到威胁、产生较高的交易费用、以公有制方式解决问题等负面影响[6]。

从10多年来的研究成果看，国内理论界已经对我国传媒资本运作做了大量深入研究：在研究内容上，可归纳为传媒资本运作的原因、资本运作的主体、传媒资本运作的方式和途径、传媒资本运作遇到的困难等4

① 丁双珍：《新华传媒的资本运作及其启示》，《企业改革与管理》，2008年第5期。
② 崔恩慧：《浅谈"三网融合"背景下传媒资本运作中的政府角色新闻传播》，《新闻与传播》2011年第6期。
③ 阮志孝：大众传媒资本经营的陷阱与对策，《新闻与传播》，2003年第1期。
④ 张春华、樊士德：《传媒资本运营的误区及对策》，《传媒观察》，2003年第10期。
⑤ 赵秋凤：《广播电视行业资本运营发展方向研究》，《会计之友》，2011年第1期。
⑥ 旷晓兰：《湖南电广传媒资本运作方式下的"以股抵债"的冷思考》，《中国证券期货》，2012年第2期。

个方面，出现了少量较为系统阐述传媒资本运作的著作[①]；在研究工具上，主要是新闻传播学、传媒经济学（以新闻传播学为主、经济学原理为辅）的研究工具，多数使用比较分析和案例剖析的方法；在研究周期上，三次研究高潮与传媒业资本运作实践密切相关。虽然成果丰硕，但这一时期的研究也存在不足：在研究内容上，没有系统研究我国传媒资本运作的功能定位，没有深入研究与广电传媒资本运作密切相关的重大问题，没有深入研究媒体融合发展或全媒体背景下的传媒资本运作；在研究工具上，鲜有以现代经济学为主的研究成果，尚未发现运用过渡经济学（转轨经济学）研究处于经济社会转型时期的我国传媒资本运作主体；在研究周期上，许多研究成果滞后于实践需要，要么是研究被实践推动后才前进，要么是局限于对实践经验的总结，缺少适当超前并可用于指导业界实际操作的重大成果。

三、研究的背景

（一）三网融合发展背景下广电产业发展趋势

三网融合发展是指电信网、广播电视网和互联网融合发展，实现三网互联互通、资源共享，为用户提供语音、数据和广播电视等多种服务。按照国家加快推进三网融合的目标要求，我国三网融合试点工作已经结束，正步入全面实现三网融合发展的阶段。我国三网融合发展既是政府加快推动的结果，更是技术进步和市场需求带动的结果，已成为一种必然趋势。三网融合发展对经济社会发展的影响巨大而深远，对我国广电产业发展的影响日益显现，使广电产业发展呈现以下几点趋势。

---

① 严三九：《中国传媒资本运营研究》，上海文化出版社，2007 年版；谢耘耕：《传媒资本运营》，复旦大学出版社，2006 年版。

我国广电集团资本运作研究
Research on the Capital Operation of Broadcasting
and Television Group in China

（1）广播电视垄断地位受到严重削弱。我国广电垄断主要是广播电视传播渠道的垄断，表现为行业性垄断和区域性垄断。行业性垄断是指行业准入门槛很高，非广电组织（非广电的企事业单位）无法获得提供广播电视服务的行政许可或提供广播电视服务的成本非常高。区域性垄断是指区域外广电组织不能自由进入某一地区广播电视服务市场，只能在一定限制条件下进入，这种区域性往往与地方行政区域相吻合，特别是与省级或副省级行政区域高度吻合。我国广电垄断地位来源于技术和制度。随着技术不断进步，电信网、互联网所提供的视听服务水平不断提高，电信网、互联网和广播电视网的视听服务水平趋于同质[①]，在三网互联互通的过程中，源于技术的、依靠广电网络而形成的垄断逐渐消失。随着政府推进新一轮机构改革和职能转变，国家调整产业政策以加快发展信息服务业、扩大信息消费，对非广电组织提供视听服务的限制政策趋于宽松、灵活，源于制度的、依靠产业政策和行政管理体制而形成的垄断将逐渐减弱；同时，随着国家深化文化体制改革，执政党顺应时代发展而改善意识形态领导方式以强化执政能力，源于制度的、依靠现行政治体制而形成的垄断将有所弱化。

（2）广播电视产业竞争更加激烈。在技术进步和市场化大环境的共同推动下，广播电视产业竞争日益激烈。在广播电视产业内部，竞争已经从广播电视产品竞争扩大到人才、资金等投入要素竞争，正从节目或栏目的竞争逐渐扩大到具有准企业性质的广电经营组织整体综合实力的竞争（即类似于市场主体之间的综合实力竞争）[②]。随着三网融合发展和传统媒体向全媒体转型，非广电组织开始探索合作提供广播电视服务，例如，新华社开通视频新闻专线并与中国移动合作打造"新华视讯"手机电视服务，不仅在渠道方面还在内容方面参与竞争。预计未来几年，非

[①] 在三网融合发展趋势下，广播电视生产消费模式发生深刻变革，视听媒体概念正逐渐取代"广播电视"。参见国家新闻出版广电总局发展研究中心：《中国广播电影电视发展报告（2013）》，社会科学文献出版社，2013年版。

[②] 已经有研究者对我国31个省区、三大经济区34个城市的广电产业综合竞争力进行了评价分析。参见董春：《中国广电产业空间发展研究》，复旦大学出版社，2012年版。

广电组织将加快进入广播电视服务市场，广电产业竞争将进一步加剧。

（3）广播电视产业平均利润率将缓慢下降。在垄断地位受到削弱和竞争日益激烈的双重压力下，广电垄断利润将逐渐下降，广电产业平均利润率将随之缓慢下降①。广播电视主营收入（广告收入和网络收入）保持两位数以上高速增长的走势将发生转变②，拐点可能在未来 3~5 年之内出现。由于广电产业组织化程度低，在传播渠道方面没有形成全国性统一的广电网络及其运营机构，在传播内容方面中央和地方电台、电视台之间尚未形成分工明确、功能互补、错位发展的格局，在电影、电视剧制作方面国内影视企业没有形成大中小型企业分工协作的产业体系，因此，面对非广电组织强力介入，现有广电组织难以形成合力将其排斥在外，只能任由其参与分割产业利润。在"僧多粥少"的同时，国内大多数广电组织尚未成为真正的市场主体，普遍存在改制负担重、经营管理水平相对低、研发创新能力弱等问题，预计未来几年收入增长压力将加大，盈利状况不容乐观。

（4）广播电视产业内部的"网台"关系面临更大的考验。在广播电视产业内部，三网融合发展所带来的挑战是不同的。对电台电视台来说，时移、回放、点播等交互业务的普及将彻底改变受众被动观看（收听）方式，内容传播渠道日益丰富将使原有的面向单一终端的、线性频道加免费广告的发展模式难以持续，必须根据新形势新要求构建起面向多平台、多终端分发内容的全媒体发展新模式③。可以说，三网融合发展给电

---

① 按照我国现行统计制度，政府统计部门只统计公布广播电视收入数据，没有统计公布利润数据。据国家新闻出版广电总局发展研究中心编写的 2007~2013 年历年广电蓝皮书《中国广播电影电视发展报告》所提供的数据，2007~2012 年，广告收入和网络收入占广播电视实际创收收入（已剔除财政补助）的比重不断下降，而其他收入的比重从 19.67% 持续上升到 31.11%。笔者认为，在国内广电运营机构已经具有追求利润动机（初步成为理性经济人）的情况下，广播电视主营收入占广播电视实际创收收入比重持续下降是资本为追逐更高利润而投入其他产业的结果，已经在一定程度上反映出广播电视垄断利润和产业平均利润率下降的趋势。

② 这里的增长不是名义的增长，而是剔除通货膨胀因素后的实际增长。

③ 在三网融合发展趋势下，广播电视产消模式发生深刻变革，全媒体转型已经是大势所趋。参见国家新闻出版广电总局发展研究中心：《中国广播电影电视发展报告（2013）》，社会科学文献出版社，2013 年版。

我国广电集团资本运作研究
Research on the Capital Operation of Broadcasting
and Television Group in China

台电视台运营带来的挑战主要在于调整发展模式。对广电网络而言，电视传播渠道垄断地位将逐渐消失，有线数字电视业务将受 IPTV、网络视频、互联网电视等冲击而逐渐萎缩，传统业务收入增长将放缓。与此同时，宽带等新业务发展遇到网络分割、资源整合重组难、网络改造和建设成本高等重重困难，收入新增长点在中短期内难以形成。可以说，三网融合发展给广电网络运营带来的是全面的、日益严峻的挑战。由于目前广电网络与电视台之间总体上是相辅相成的关系，尤其是各地广电网络与当地电视台地面频道之间合作非常紧密，因此广电网络遇到的挑战将通过地面频道传导给各地电视台。面对三网融合发展所带来的不同挑战，广电网络与电台电视台之间利益取向的差别将不断扩大，二者之间现有关系将面临日益巨大的调整压力。

（二）我国广电集团改革走向

广电集团化是广电行业顺应广播与电视融合发展趋势对产业组织形态做出的重大调整。自 1999 年第一家广电集团成立以来，国内先后有 20 多家广电集团挂牌成立。作为特定历史条件下的产物，广电集团是当前我国广电行业主要微观组织形式，既承担着发展广电事业的义务又肩负着发展广电产业的重任。广电集团改革创新一直牵动着广电体制各方面的改革创新，是深化广电体制改革创新的中心环节。中共十八届三中全会召开后，中央明确提出，继续推进国有经营性文化单位转企改制，加快公司制、股份制改造；对按规定转制的重要国有传媒企业探索实行特殊管理股制度；推动文化企业跨地区、跨行业、跨所有制兼并重组，提高文化产业规模化、集约化、专业化水平。在这一背景下，2014 年前后，上海市率先深入推进国有广电传媒企业改革重组，标志着我国广电集团进入整体改革的新阶段。

根据 2014 年 3 月 30 日上海文广集团下属上市公司的公告，原上海文化广播影视集团的事业单位建制撤销，改制设立的国有独资上海文化广播影视集团有限公司正式运营，上海东方传媒集团有限公司以国有股权划转方式与上海文化广播影视集团有限公司实施整合。据悉，此次上海文广集团改革重组后，上海电台电视台与上海文广集团不再是上下级关系，而是平行关系，是"一套人马两块牌子"；在整合原有职能部门的基础上，上海文广集团总部新设战略投资部（正处级），履行资本运作职责；集团原有事业编人员的编制不变，按所在岗位确定现在的工资等待遇，退休后给予事业编退休待遇。总体上，改制重组后的上海文广集团已经类似于电力等垄断行业的国有企业集团，集团层面是国有独资公司，拥有国有控股、参股等子公司或孙公司；不同之处在于，它还有一部分人员是事业编制。

四、基本概念

（一）资本运作的定义

资本运作也称资本运营，可从狭义上和广义上加以界定。狭义的资本运作是以价值化、证券化资本或可以按价值化、证券化操作的物化资本为基础，通过兼并、收购、资产剥离等途径，实现资本最大限度增值的经营管理方式[①]；是企业发展到一定规模后依托资本市场通过并购、分拆、重组等方式对企业资源进行优化配置，从而提高企业竞争力和盈利能力，促进企业发展战略目标实现的经济活动[②]。广义的资本运作是以利润最大化和资本增值为根本目的，以价值管理为特征，按照资本运动的一般规律来经营并优化配置企业全部资本和生产要素的经济活动。

根据资本运作的狭义定义，融资与投资是资本运作的两个基本功能，

---

① 张燕、郭晶：《新编资本运营》，经济科学出版社，2010 年版。
② 文宗瑜、张晓杰：《企业战略与资本运营》（第二版），经济科学出版社，2012 年版。

我国广电集团资本运作研究
Research on the Capital Operation of Broadcasting
and Television Group in China

兼并与收购是资本运作的核心任务，企业上市是资本运作的最高形式，融资、投资、并购与上市是企业资本运作的四大基本任务①。根据资本运作的广义定义，资本运作是市场经济条件下社会配置资源的一种重要方式，它通过资本层面上的资源流动来优化社会的资源配置结构；资本运作是利用市场法则，通过资本本身的技巧运作，实现资本增值、效益增长的一种经营方式。不论是从狭义上还是从广义上，资本运作的本质是通过优化资源配置实现资本增值。

事实上，在我国，通过改制重组使企业达到上市要求，这是国有企业上市的前提，也是转轨时期国有企业改革的重要内容；创业投资机构为被投企业提供增值服务，帮助被投企业建立完善现代企业制度及运行机制，使之达到上市要求，这是创业投资投后管理与服务的重要内容。因此，笔者认为，从广义的角度看，在企业建立现代企业制度及其运行机制并使之完善达到上市要求的一系列相关活动均属于资本运作的广义范畴。

（二） 与广电集团资本运作的密切相关的重大问题

根据资本运作的定义，结合广电集团实际与工商业金融业国有企业资本运作经验，笔者认为，现阶段关乎广电集团资本运作成败的问题在于广电传媒的投资与并购、广电传媒企业的上市融资与股权投资、广电集团的发展战略与管控等方面。围绕这些问题，本书对广电集团资本运作进行了研究探讨。

（三） 资本运作的主体和条件

根据资本运作原理和当前我国政策法律规定，资本运作主体是企业（公司），不包括各类行政机关和事业单位。由于资本运作是一项操作很

---

① 马瑞清、〔澳〕安迪·莫（Andy Mo）、〔澳〕珍妮丝·马：《企业兼并与收购》，企业资本运营实务系列丛书，中国金融出版社，2011年版。

复杂、执行很困难、成本相当高、风险相当大的经营活动，因此，开展资本运作的主体自身必须具备一定条件①。首先，资本运作主体必须已经搭建起产品（产业）经营平台的企业。搭建起产品（产业）经营平台意味着这家企业已经经历了产品经营和产业经营的漫长过程，已经建立了全流程的产品经营模式和上中下游一体化的运作模式，具备了生产高品质、受欢迎产品并及时出售获取利润的必要条件和丰富经验。其次，资本运作主体必须具有产品经营与产业运营的经验与能力。最后，资本运作主体必须能够向目标企业输出资本、管理或技术。

　　资本运作过程是复杂的系统性过程，企业要实现对资本运作的有效掌控，进而通过资本运作实现预期目标，必须以具备相应的基本条件为前提②。企业如果在不具备条件的前提下开展资本运营，不仅难以实现运营的既定目标，甚至会给企业带来难以预料的风险。一是资本运作的外部条件，主要是成熟的资本市场体系。二是资本运作的内部条件，就是作为资本运作主体的企业完成了资本存量的积累、管理存量的积累和价值观存量的积累。企业完成了资本存量的积累，是指企业能够较为容易地支付产权交易成本，能够及时调度资金应对资本运作可能带来的财务风险，可能提供必要资金以满足并购重组后企业正常运营。企业完成了管理存量的积累，是指企业形成了有效的管理制度和管理流程，能够帮助目标企业完成管理整合，即管理人员的派驻和融合，管理制度、管理流程、管理规则的输入与融合，管理文化的渗透与融合。企业完成了价值存量的积累，就是企业形成了对目标企业的文化优势，能够降低主体企业与目标之间文化整合的难度。

---

①② 文宗瑜、张晓杰主编：《企业战略与资本运营》（第二版），经济科学出版社，2012 年版。

广电传媒投资是指企业向广电传媒领域投入现金、实物、有价证券或无形资产等以期获取收益的行为。根据投资对象不同，广电传媒投资可分为项目投资与股权投资，前者是以特定的项目作为投资对象，后者是以特定企业股权作为投资对象。近年来，媒体融合发展迅速，广电传媒与新媒体融合发展趋势明显，广电传媒投资与新媒体投资日益紧密。

一、广电传媒项目投资

（一）项目投资的界定

项目投资是指在特定的时间和空间范围内，经济单位合理利用各种社会资源（生产性和非生产性资源），以获取未来预期综合效益的一种投资活动。广电传媒项目投资是企业在广电传媒领域的项目投资，本质上与工业、建筑业等其他领域的项目投资没有区别。与其他领域项目投资的不同之处在于，广电传媒项目投资的具体对象以项目形式存在于广播电视领域，它既包括广播电视内容研发与制作，例如，电影电视剧制作、广播电视节目研究开发应用、动漫制作等；还包括与广播电视内容制作、

我国广电集团资本运作研究
Research on the Capital Operation of Broadcasting
and Television Group in China

转输、播出等有关的技术研究开发与设备设施生产制作建设，例如，高清数字电视研发与生产、交互式网络电视研发与生产、数字化广播电视技术研究开发、广电网络建设等。广电传媒领域项目投资者包括政府、电台电视台、广电企业、为广电系统提供技术或设备设施的工业制造业企业、广电基础设施建设企业、专业投资机构或个人等。广电传媒领域项目投资的资金来源包括财政资金、事业单位自有资金、企业自有资金、金融机构、个人等。

（二）广电传媒项目投资现存问题

经过调研，笔者发现当前广电传媒项目投资（主要是在广播电视内容研发制作领域）存在的问题主要有：

（1）项目投资管理机制不够健全。随着投融资体制改革和广电内部体制改革的深入，广电领域许多工程类项目已经全面引入了包括项目投资在内的项目管理机制，项目投资管理机制相对完善，不过，内容研发生产制作方面的项目投资管理机制相对薄弱。其中，对影视剧的投资，基本上采用了项目投资管理机制，影视剧投资市场化程度比较高；对广播电视台节目的投资，虽然许多电台电视台已经实施了独立制片人制度，但是在节目投资的事前评估、事中监督、事后评价考核等环节上仍然有许多需要改进的地方，出现了不少投资前没有经过充分论证导致投资失败的项目，出现了一些投资后没有进行评价或考核的项目。

（2）项目投资决策的战略性和科学性不足。在项目投资决策中，虽然国内电台电视台（国有广电传媒企业）普遍认识到广电传媒项目投资要兼顾社会效益和经济效益，但还没有深刻认识到广电传媒项目投资要兼顾短期经济效益和长期经济效益，很少做到根据战略发展要求向决定投资项目的取舍。此外，由于项目投资评估量化难度大、合格的外部独立评估机构或人员少等原因，广电传媒领域的项目投资决策大多数是根据上级领导的要求和投资决策者的经验做出的，项目投资决策的科学性受到不同程度的影响。

（3）相关人才稀缺。在广电系统内部，缺少既精通广电内容生产制作又熟悉投资管理的复合型人才；在广电系统外，缺少精通投资管理又熟悉广电行业的复合型人才。出现了"投资者不熟悉广电，广电人士不了解投资"的现象。

（4）相关中介组织不发达。在国内市场上，很少有专门从事广电传媒项目投资服务的中介组织。绝大多数提供项目投资服务的中介组织没有参与广电传媒项目投资的经验。在项目投资评估环节上，很难找到合格的中介组织作为独立机构参与广电传媒项目投资评估。

（5）项目融资难度大。由于广电传媒项目具有回报周期短、投资门槛高（表现在：外来投资者获取充分信息的难度大，许多外来投资者不了解广电行业；不少外来投资者不适应广电"事业单位企业化管理"的运行机制）、政策风险大等特点，因此许多投资者对广电传媒项目持非常谨慎的态度。目前，我国广电传媒项目融资或再融资出现"两极分化"：少数已经具有稳定收入模式、获得市场广泛认可的广电传媒项目，例如《中国好声音》节目、《非诚勿扰》节目等，融资难度不大；而大多数正在运行的广电传媒项目或者尚未运行的广电传媒项目的融资难度非常大。虽然近年来中央和一些地方政府部门出台了不少鼓励投资文化产业项目的政策措施，但是目前广电传媒项目融资难度大的问题仍然普遍存在。

（三）广电传媒项目投资案例：《中国好声音》

近几年来，在一些娱乐类节目投资上，湖南、浙江、江苏、上海等省市电台电视台实行了较为科学合理的、市场化程度较高的项目投资管理机制，使节目经营取得明显经济效益。《中国好声音》节目投资就是其中一个成功的项目投资案例①。

（1）《中国好声音》节目基本情况。《中国好声音》(The Voice of China)是由浙江卫视联合星空传媒旗下灿星制作打造的中国大型专业音乐真人

---

① 笔者根据百度百科等公开资料整理而成。

我国广电集团资本运作研究
Research on the Capital Operation of Broadcasting
and Television Group in China

秀节目，源于荷兰——著名电视节目 The Voice of Holland，于 2012 年 7 月 13 日正式在浙江卫视播出。截至 2014 年，已经播出第三季。《中国好声音》节目实行制播分离：灿星制作负责节目制作，浙江卫视参与节目研发使国外原版节目中国化并且负责播出；第一季只在浙江卫视播出，第二季由浙江卫视和搜狐视频独家网络播出，第三季由浙江卫视和腾讯视频独家网络播出。据报道，《中国好声音》第三季全季广告总额超过 13 亿元，比第二季上涨 30%。

（2）《中国好声音》的节目投资。《中国好声音》节目由浙江卫视与灿星制作共同投资、共担风险、共同招商、共享收益。双方约定：如果节目收视率达到一定标准，将由双方共同参与广告的分成；如果节目达不到规定的收视标准，灿星制作将单方面担负版权费和广告商的损失①。除合作制作播出节目之外，《中国好声音》的选手签约以及签约之后的商业演出等项目由灿星制作开发投资；灿星制作与明星导师们合作，共同开发音乐学院、演唱会、音乐剧、线下演出等在内的产业链。《中国好声音》的品牌归浙江电视台所有。

（3）《中国好声音》节目投资的成功因素。《中国好声音》项目投资取得成功不是偶然的，就浙江电视台而言，至少有四个方面的成功因素。一是具有良好的节目制作播出底蕴，浙江电视台曾经成功推出《中国梦想秀》、《我爱记歌词》等优秀音乐类节目，拥有大量优质的音乐类娱乐类广告客户资源，卫视的收视率在国内处于一流水平。二是长期贯彻实施品牌经营战略和差异化经营策略，浙江卫视的台标是全国唯一用了 20 年而没有更换的台标，2008 年以来一直实施以"中国蓝"为标志的品牌经营战略，以娱乐类和实时新闻为主开展差异化经营。三是项目研究开发与投资密切配合，培养一批长期跟踪国内外音乐类节目研发制作的员工，由这些员工向频道数据库提供初步的节目设计方案，频道领导每周定期

---

① 据悉，中国好声音节目制作团队以 350 万元三季的价格从注册在英国的版权代理公司 IPCN 手中购买了 The Voice 的中国版权，而中国好声音的版权归属浙江电视台。

召开会议研究这些节目设计方案的可行性并择优修改完善后根据投资规模权限上报集团或频道自行投资，集团每月定期召开节目投资会议研究这些频道上报的投资项目，集团或频道根据节目投资后收益情况对节目设计人员和节目制作人员给予奖励，对暂时不投资的优质节目设计方案上传至集团数据库供各频道共享（见图2-1）。四是决策者具有战略眼光与超常胆略，敢于与民营企业合作实施制播分离，善于领导制作播出团队将国外原版改良实现中国化，牢牢抓住《中国好声音》品牌不放，大胆开创国内电视音乐类节目运营新机制。

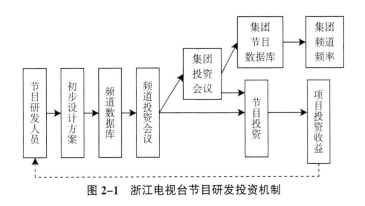

图2-1　浙江电视台节目研发投资机制

（4）《中国好声音》相关企业的上市。随着《中国好声音》影响力的扩大和产业链的发展，在《中国好声音》幕后，形成了两家公司，即灿星制作和梦响强音。其中，星空华文传媒旗下的灿星制作负责做节目，赚广告分成；梦响强音负责《中国好声音》的艺人经纪、品牌经管和互联网衍生业务。据2014年10月的公开报道，梦响强音和灿星制作的母公司星空华文传媒正在积极推动上市：梦响强音是一家内资公司，计划在A股借壳上市；星空华文传媒是一家境外媒体，旗下除了灿星制作还有3个电视频道和一个电影片库，计划在香港上市，时间初步定在2014年底或者2015年初①。如果这两家企业成功上市，那么《中国好声音》产业链

---

① 郑道森：《"中国好声音"资本运作揭秘》，《新京报》，2014年10月7日。

我国广电集团资本运作研究
Research on the Capital Operation of Broadcasting
and Television Group in China

将催生两家上市公司。这意味着,《中国好声音》的节目投资逐步发展成为与《中国好声音》节目相关的股权投资①。

二、我国广电传媒(新媒体)创业投资

(一)股权投资的分类和创业投资的界定

企业发展生命周期一般可以划分为五个阶段:初创期、成长期、扩张期、成熟期、衰退期。根据企业发展生命周期的不同阶段,股权投资可划分为初创期的股权投资、成长期的股权投资、扩张期的股权投资、成熟期的股权投资、衰退期的股权投资(见表2-1)。一般地,企业并购属于扩张期、成熟期或衰退期的股权投资,因此,扩张期、成熟期、衰退期的股权投资放在广电传媒并购部分论述,这里不再重复。这里仅论述初创期、成长期的股权投资,即广电传媒创业投资。

创业投资主要包括风险投资和天使投资②。风险投资是指职业金融家投入新兴的、迅速发展的、有巨大竞争潜力的企业中的一种权益资本;一般投资于企业的初创阶段、产品研发阶段及产业的早期阶段,为拥有技术却缺乏资金的创业者提供资金及创业支持,承担所投资创业企业的

---

① 事实上,对梦响强音的股权投资和股权交易已经历多次操作。《中国好声音》第一季结束后才成立的梦响强音的最初股权结构是:10%的股权属于华人文化产业基金,30%的股权属于璀灿星河公司,60%的股权属于民星合伙(梦响强音团队)。后来,在2014年3月25日之前,华人文化产业基金以2.1亿元的价格将10%的股权转让给璀灿星河,实现套现退出,较初始投入300万元获利近70倍。华人文化产业基金退出后,梦响强音的股权结构变为:璀灿星河持有40%,民星投资持有60%。2014年3月25日,璀灿星河将梦响强音20%的股权出售给A股上市公司浙富控股,作价4.2亿元;4月8日,璀灿星河再将剩余的梦响强音20%的股权转让给浙富控股,同样作价4.2亿元。经过上述股权转让后,目前,成立不到2年的梦响强音总估值达到21亿元,股权结构为:40%的股权属于浙富控股,60%的股权属于民星合伙(梦响强音团队)。
② 朱忠明、赵岗:《中国股权投资基金发展新论》,中国发展出版社,2012年版。

表 2-1 股权投资分类表（按企业发展阶段）

企业发展阶段	特点	资金需求	股权投资者
初创期	企业处于"商业计划"的初步实现阶段，主要工作是研发；未来产品及市场处于未知阶段，风险很大	场地、设备	创业投资基金（风险投资基金、天使基金）
成长期	产品开始规模生产并投向市场；资金需求量大，现金流不稳定，银行贷款困难，融资渠道有限；未来产品及市场不确定，风险大	扩张生产规模、开拓市场销售渠道	发展资本、增长型基金
扩张期	企业进入正常发展渠道，企业产品走向成熟，销售渠道、市场稳定性；面临行业竞争风险	扩张生产规模，完善产品线，扩大市场占有率	增长型基金、并购基金、Pre-IPO 基金
成熟期	企业发展稳定，生产能力充分发挥，企业的组织体系已经稳固；面临行业竞争风险	收购企业，整合上下游企业，寻找新的利润增长点	并购基金、Pre-IPO基金、重组资本、上市后私募投资
衰退期	主导产品被新产品替代，市场占有率、技术水平、盈利能力不同程度下降；面临破产及被收购风险	新产品的研发，新行业领域的进入	重组资本

资料来源：朱忠明、赵岗：《中国股权投资基金发展新论》，中国发展出版社，2012 年版。

失败风险；一般以股权转让的方式获取巨额的投资回报。天使投资是由富有个人（天使投资者）以自己个人的名义直接投资于创业企业，是一种非组织化的创业投资资本，是投入资金比风险投资少很多的一种创业投资。

（二）我国广电传媒创业投资

根据中国股权投资基金协会提供的数据，截至 2012 年，国内已经投资于传媒（含数字传媒、新媒体、文化创意等）的创业投资机构共计 25 家[①]，其中，明确主要投资领域为广电传媒或者广电行业的创业投资机构只有 1 家，即由湖南电台电视台实际控制的上市公司电广传媒 100%控股的深圳达晨创业投资有限公司（以下简称"达晨创投"）。此外，据笔者了解，国内还有少数电台电视台或广电集团旗下设立创业投资公司，例

---

① 中国股权投资基金协会：《中国股权投资基金手册》，首都经济贸易大学出版社，2012 年版。

我国广电集团资本运作研究
Research on the Capital Operation of Broadcasting
and Television Group in China

如，成立于 2010 年 2 月安徽广电传媒产业集团参股安徽中科安广创业投资公司、华晟创业投资管理有限公司。据了解，目前国内广电集团进行股权投资的方式有两种：一是湖南做法，即电台电视台或广电集团——控股上市公司（电广传媒）——100%控股的创业投资公司（达晨创投）——各个创业期或成长期的企业；二是安徽做法，即广电集团——参股的创业投资公司（安徽中科安广创业投资公司、华晟创业投资管理有限公司）——各个创业期或成长期的企业。这两种股权投资方式用图2-2 来表示，图中虚线表示参股。从目前的情况看，湖南的做法取得了明显成效（见下文）；而安徽做法暂时还没有取得明显成效。由于湖南的达晨创投成立时间已经有 10 多年，而安徽的两家创投公司成立时间较短，因此还需要时间在实践中检验哪种方式更好。虽然从管理层级来看，湖南方式的科层比安徽方式的多，容易导致监管不力，但是在现行广电管理体制下，它有利于达晨创投按市场机制运作，成长成为具有较强竞争力的市场主体。

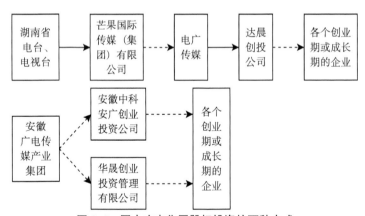

图 2-2 国内广电集团股权投资的两种方式

（三）我国广电传媒创业投资案例：达晨创投

（1）达晨创投的基本情况。达晨创投由湖南省广播电视产业中心发起设立，是一家从事创业投资、股权投资的专门机构，2000 年 4 月 19 日在深圳注册成立，注册资本为人民币 1 亿元。达晨创投投资领域为广电行业、现代农业、消费品、新材料、节能环保；投资涵盖处于种子期、成长期、扩张期和上市前期阶段的企业；投资额度一般为 500 万~5000 万元；投资对象主要是股权，结合项目投资；采用联合投资和分段投资的方式，投资企业年限一般不超过 5 年；当被投资企业达到一定规模时，采取其他股东收购、其他机构收购、企业公开上市等方式退出部分或全部股权。目前，达晨创投共管理 15 期基金，管理基金总规模超过 150 亿元；投资的企业超过 200 家，成功退出 48 家，其中 27 家企业 IPO，21家企业通过企业并购或回购退出。在达晨创投投资的企业中，属于广电传媒企业的有同洲电子、茁壮网络、拓维信息、东方广视等。

（2）达晨创投的投资管理机制。达晨创投设立投委会作为公司投资管理、决策的最高权力机构，由董事会指定成员担任；由投委会对项目的立项、决策进行评审，对制度的执行情况予以监督及考核，实施奖励及惩罚。投委会下设风控部、创投部。风控部为项目流程管理的主要责任人和达晨创投投委会的日常事务的管理机构，直接对投委会负责；风控部主要职责为代表投委会对投资流程监督、把关，项目的风险监控调查及投资相关事宜的管理。创投部门为项目流程管理的主要执行人及协助者，对外代表公司进行项目的收集、筛选、沟通、谈判、签约及后续跟踪等工作，对内按公司管理规定提供项目的一手资料。此外，达晨创投的财务部、总裁办主要职责为协助投资管理流程进行管理及配合工作。达晨创投的创投项目管理机制流程如图 2-3 所示。

（3）达晨创投与电广传媒的关系。根据达晨创投官方网站披露，目前达晨创投是由湖南省电台电视台实际控制的上市公司电广传媒 100%控股的子公司。截至 2014 年 6 月 30 日，在达晨创投投资的企业中，共有 27家公司登陆 A 股市场，包括华数传媒、网宿科技、蓝色光标等，其中多只股票后来成为大牛股，为电广传媒带来丰厚的回报；在达晨创投投资的企业中，还有 21 家公司是证监会网站预披露的拟上市企业，其中，包括中影股份。目前，电广传媒旗下的创投业务已经成为与网络运营服务、

我国广电集团资本运作研究
Research on the Capital Operation of Broadcasting
and Television Group in China

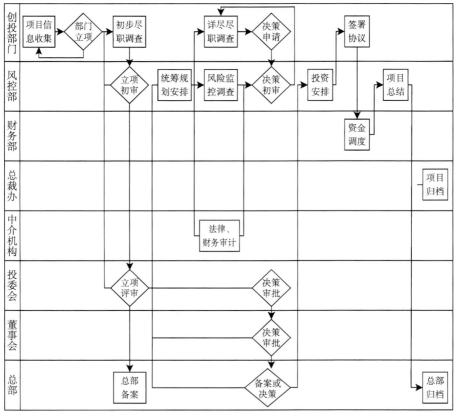

图 2-3　投资管理流程图

广告制作代理、影视节目制作并行的主业之一。电广传媒董事长曾经公开透露，按照电广传媒旗下创投业务的平均投资回报率看，每一个成功的项目都将带来 5~10 倍的超额投资回报。2013 年，创业投资及管理至少为电广传媒带来了 2.45 亿元的收益。

（4）达晨创投的成功经验。达晨创投的成功经验是投资"三部曲"和投资"六军规"①。第一部曲是从熟悉的角度入手，先投资成功的案例，树立品牌。例如，在成立之初的 2001 年，达晨创投投资了 3 个案例，其中有 2 个与股东（湖南广电集团）背景行业有关。第二部曲是静待市场

---

① 王亚宁：《达晨创投刘昼：十年磨一剑》，《股市动态分析》，2009 年第 39 期。

好转，对细分行业前三名公司进行全国拉网式筛选、投资，做出合理项目布局。第三部曲与第二部曲并进，继续寻求电广传媒机制上的支持，并借助专业机构募资，将投资及风险控制指标下达到人头，并通过惠及大股东的管理层股权激励，寻求多赢发展，把创投业务模式与更多的激励模式进一步升华。达晨投资的"六条军规"：人，人占是否值得投资的比重达 50%；行业，是否足够大，是否属于国家政策鼓励支持的范围；技术水平，是否领先；商业模式，是否有创新；行业地位，被投企业须是行业或子行业前三名；有没有法律障碍和硬伤。

（四）我国新媒体创业投资

创业投资的性质决定了新媒体领域的创业投资比传统媒体领域活跃。通过观察 10 多年来崛起的数字新媒体企业可以发现，在发展壮大的数字新媒体企业后面都有创业投资的身影。根据中国股权投资基金协会提供的数据，截至 2012 年国内投资于传媒（含新媒体、数字传媒、文化创意、文化传媒、广电行业等）的创业投资机构共计 25 家[①]，其中，明确主要投资领域是新媒体或数字媒体的创业投资机构有 Doll 资金管理（DCM）、IDG 资本、北极光创投、北京信中利投资有限公司、贝塔斯曼亚洲投资基金、德丰杰风险投资、鼎晖创业投资、富达亚洲成长基金、高原资本、戈壁合伙人有限公司、软银中国创业投资有限公司、上海挚信投资管理有限公司、深圳达晨创业投资有限公司、思伟投资、云锋基金管理有限公司、浙江华瓯创业投资有限公司等。当前，我国新媒体领域的创业投资发展趋势是：

（1）创业资本对传媒产业的投资重点是新媒体，对新媒体产业投资规模继续保持快速增长态势，新旧媒体投资规模之间的差距进一步扩大。主要原因是新媒体产业发展迅猛，投资价值进一步提升。

（2）商业模式成熟或商业模式明确的新媒体企业继续得到创业投资资

---

① 中国股权投资基金协会：《中国股权投资基金手册》，首都经济贸易大学出版社，2012 年版。

我国广电集团资本运作研究
Research on the Capital Operation of Broadcasting
and Television Group in China

金的热捧。创业投资决策需要考虑的重要因素之一是企业发展的可预见性。商业模式成熟的领域或商业模式明确的新媒体企业，其发展的轨迹相对比较明确，市场前景明朗，在投资前就可以比较清楚地预计到企业发展的趋势，从而最大限度减少风险。

（3）新媒体企业所拥有的优势资源左右创业资本的流向。企业所拥有的优势资源是创业投资决策需要考虑的又一个重要因素。对新媒体企业，创业投资首先最关注的资源是人力资源，其次是技术资源，最后是其他资源。

（4）创业资本投资新媒体产业更加理性。2008 年金融风暴之后，创业资本投资新媒体产业更加理性。一是单个机构的一次性投资规模逐步缩小，超过 5000 万美元（折合约 3 亿元人民币）的投资逐步减少，投资金额主要分布于 5000 万元到 2 亿元人民币①。二是跟投、多家机构联合投资、初步的小额投资将成为新媒体领域创业投资的一个重要特征。为了规避行业陌生带来的风险，新媒体领域投资经验较少或者没有经验的创业投资机构基本上采取跟投方式。由于这类企业占大多数，因此总体上呈现出跟投方式和联合投资方式是最普遍采用的方式。

（五）我国新媒体创业投资案例之一：土豆网

土豆网是中国最早和最具影响力的网络视频分享网站，由王微个人创立，于 2005 年 4 月 15 日正式上线，是全球最早上线的视频网站之一。土豆网提供的视频内容主要包括网友自行制作或分享的视频节目（例如播客和用户原创视频）、来自内容提供商的视频节目（例如电影、电视剧和 MV）、土豆自身投资制作的节目，收入主要来源于广告收入。2011年，土豆网在美国纳斯达克上市，2012 年 3 月土豆股份有限公司与优酷股份有限公司合并成立优酷土豆集团公司，2014 年 1 月"土豆网"正式更名为"土豆"。根据第三方调研公司艾瑞的数据，截至 2014 年 3 月，

---

① 夏欣：《风险投资：我国传媒行业融资、发展的新途径》，《新闻研究导刊》，2012 年第 4 期。

土豆每月独立访问用户数量增长到 2.43 亿元；2013 年土豆在移动端的增长非常迅猛，月均覆盖用户平均增长率超过 40%，月均视频播放量平均增幅达 60%。

（1）土豆网创投融资历程和作用。从 2006 年初到 2010 年，土豆网先后进行了五轮创投融资，共计 1.35 亿美元。参与的创业投资机构近 10 家[①]。一是 2006 年初，土豆完成面向 IDG 资本的第一轮融资，融资金额为 80 万美元，为土豆网发展奠定坚实基础。二是 2006 年 5 月，土豆网完成面向纪源资本、IDG 资本等创投机构的第二轮融资，融资金额为 850 万美元，帮助土豆网参与国内视频网站的流量竞争，并迅速发展成为中国领先的视频分享站点。根据创投机构建议，第二轮融资资金主要用在两个方面：扩容土豆网的人才储备，吸纳更多技术开发人员、运营维护人员来充实团队；扩容服务器、带宽等硬件设施。三是 2007 年 4 月，土豆网以自己规模和在业界的知名度，完成了面向纪源资本、IDG 资本、今日资本等创投机构的第三轮融资，这些创投机构利用自身经验和专长，帮助土豆网进行公司建设和商务合作。四是 2008 年 4 月，土豆网完成了面向纪源资本等机构的第四轮融资，融资金额为 5700 万美元，这是近年来网络视频领域完成的最大一笔创投融资。五是 2010 年 7 月，土豆网完成了面向纪源资本、IDG 资本、淡马锡、凯欣亚洲和 Venrock 等机构的第五轮融资，融资金额为 5000 万美元。根据惯例，互联网企业在进行了三四轮创投融资后，就会启动上市计划。不过，王微认为，虽然土豆网的盈利模式已经基本建立，但还需要经过一段时间的尝试，需要创立知名品牌，扩大盈利模式，增加营业收入。因此，在完成第五轮融资后，土豆网才开启上市计划。

（2）创业投资机构青睐土豆网的原因。一是企业的发展定位。土豆网的成立伊始，王微就明确了它的定位是引导用户从内容受众转为创造者。

---

① 中国投资协会股权和创业投资专业委员会：《创投中国Ⅱ.优秀创投案例》，中国经济出版社，2013 年版。

我国广电集团资本运作研究
Research on the Capital Operation of Broadcasting
and Television Group in China

在土豆网站，受众不再是媒体内容的被动接收者而是选择者，是主动参与者和创造者。这个定位吸引了大量用户，土豆网站正式上线后，注册用户迅速增长，截至 2005 年底（正式上线不到 8 个月）土豆网注册用户超过 15 万。土豆网的定位和用户数量快速增长使其轻松获得 IDG 资本、纪源资本等创业投资资金，土豆网成立仅一年多就完成两轮创业投资融资。二是行业发展的良好前景。随着视频网络迅猛发展，占据中国视频网络先机的土豆网获得越来越多的创业投资者认可，使土豆网顺利完成第三、第四、第五轮的创业投资融资。三是土豆网创业者和核心团队的素质。除了土豆网所属行业发展趋势，土豆网创始人和核心团队的素质也吸引着更多的创业投资者。土豆网创始人王微具有美国经济学、计算机、MBA 等学业背景，先后在美国休斯公司、贝塔斯曼集团旗下的贝塔斯曼在线中国工作，勇于冒险，敢于创新，做事果敢，既能把握行业发展趋势又善于与创业投资者沟通。土豆网成立后，整个核心团队主要围绕着技术和销售两个方面搭建，为土豆网腾飞奠定了基础。在和王微见了一次面后，纪源资本很快就做出了投资的决定。在五轮创投融资中，纪源资本参与了第二融资到第五轮融资，累计持有土豆网 12.1% 的股份。2011 年土豆网在美国纳斯达克顺利上市，纪源资本因此获得丰厚的投资回报。

（六）我国新媒体创业投资案例之二：乐视网

本案例是深创投对乐视网的创业投资。深圳市创新投资集团有限公司（以下简称深创投）是以资本为主要连接纽带的母子公司为主体的大型投资企业集团，于 2002 年 10 月正式成立，前身是 1999 年 8 月 26 日成立的深圳市创新科技投资有限公司。深创投注册资本 35 亿元，具有高达 100 亿元人民币的可投资能力，管理着外部 100 亿元的资本，是中国资本规模最大、投资能力最强的本土创业投资机构之一。乐视网信息技术（北京）股份有限公司（以下简称乐视网）成立于 2004 年 11 月。乐视网于 2010 年 8 月 12 日在中国创业板上市，是唯一一家在境内上市的视频网站，也是全球第一家 IPO 上市的视频网站。与其他互联网视频模式（VOD 视频点播模式、视频分享模式、以 P2P 技术为核心的软件客户端）不同，乐视网独创了第四种模式，即"收费+免费"模式。一方面，乐视网对购买了版权的内容进行互联网上的收费发行；另一方面，乐视网推出免费的客户端，用户可以自由上传各种影视视频，并进行视频分享。乐视网一直坚持"合法版权+用户培育+平台增值"三位一体的商业模式，具有一定盈利规模。2008 年，深创投在对乐视网的商业模式和运营情况进行深入调查与分析后，决定向乐视网注资，并在投资后积极参与被投企业管理，对企业进行全方位的增值服务①。

（1）投资前的尽职调查和认真评估。一些与乐视网有过接触的创业投资机构并不看好乐视网，理由是：网络视频行业投资刚刚经历了 2005~2006 年的投资热潮，国内已经有好几家比较有影响力的视频网站，乐视网的模式不同于当时的主流模式，且在盈利模式方面除了网络点播和广告几乎没有什么突出的优势，乐视网的创业团队不具有海归背景或高知识分子。然而，深创投经过深入调研后发现乐视网具有诸多优势：一是乐视网走长视频路线模式，这是深创投愿意继续接触乐视网的最初动因；二是乐视网的管理团队商业运作和管理经验十分丰富，是一群能做事、做过事的人；三是乐视网做过机顶盒，与中国电信、中国移动、中国联通有长期合作关系，做过 SP 手机支付终端且在手机付费方面拥有很强的技术能力。于是，2008 年 8 月，深创投与北京汇金立方、南海成长精选基金等共同向乐视网投资 5200 万元。

（2）投资后的全方位增值服务。深创投积极协助乐视网寻找战略定位，凸显乐视网的自身优势，帮助乐视网在长视频方面做出部署，帮助强化乐视网在版权与影视剧独播首播的优势地位。深创投还为提高乐视网的管理规范提出许多建设性意见，帮助乐视网逐步转变为一家具有规

---

① 中国投资协会股权和创业投资专业委员会：《创投中国Ⅱ.优秀创投案例》，中国经济出版社，2013 年版。

我国广电集团资本运作研究
Research on the Capital Operation of Broadcasting
and Television Group in China

范化、透明化的现代企业，提高乐视网的财务质量和财务管理能力，进一步赢得外界的信任。深创投还建议乐视网重新编排网站布局，突出自身优势形成独具一格的网站页面，优化互动平台为消费者提供更具个性化的服务，开设乐视网排行榜。帮助乐视网做好上市准备，为乐视网组建上市筹备小组，为乐视网推荐上市承销商，帮助乐视网梳理战略规划。帮助乐视网加快互联网视频基础及应用平台改造升级项目、3G手机流媒体电视应用平台改造升级等项目规划与建设，帮助乐视网构建起一套完整的全产业链生态系统："平台+内容+终端+应用"。在深创投的帮助下，上市后，乐视网实现销售收入和利润高速增长（2011年的销售收入和利润增长均超过60%，2012年的销售收入和利润增长均超过100%），已经成为中国第一大影视剧视频网站，成为中国领先的3G手机电视服务商和互联网视频服务提供商。

三、我国广电传媒产业投资

（一） 产业投资与产业投资基金

产业投资是一种对企业进行股权投资和提供经营管理服务的利益共享、风险共担的投资方式。产业投资与创业投资都是股权投资的形式之一，两者并非截然不同的股权投资形式。区别之处在于，创业投资的投资主体以风险投资公司为代表，侧重于关注高风险、高回报的投资，往往关注于新兴产业的投资，所取得的收益更多的是短期套现利益；产业投资的投资主体以产业投资基金为代表，侧重于风险性较小、收益稳定的投资，往往关注于传统产业的投资，不仅追求经济效益还追求社会效益，所取得的收益更多的是长期收益。

根据我国《产业投资基金管理暂行办法》的规定，产业投资基金是一种借鉴市场经济发达国家创业投资基金的运作经验，在严格遵循国家产业政策与法规的前提下，以市场、收益为投资导向，通过发行基金受益券，将投资者的资金集中起来，对国家产业政策和区域发展政策倾斜的未上市公司进行组合投资，提供经营管理服务或从事产业投资、企业重组投资和基础设施投资等事业投资的利益共享、风险共担的集合投资制度。作为投资主体，产业投资基金倾向于对具有高增长潜力的未上市企业进行股权或准股权投资，并参与被投资企业的经营管理，以期所投资企业发育成熟后通过股权转让实现资本增值。依据组织形式的不同，产业投资基金可分为公司制产业投资基金、有限合伙制产业投资基金、契约制产业投资基金等。

（二）我国广电传媒产业投资主体——文化产业投资基金的发展现状与趋势

随着国家加快发展文化产业，推进文化领域投资体制改革，以及国内其他领域产业投资基金不断发展壮大，我国以文化产业及其相关产业为主要投资范围的文化产业投资基金逐渐兴起，逐渐成为我国广电传媒领域最重要的产业投资主体。自 2009 年 4 月国内第一支文化产业投资基金——华人文化产业投资基金获得国家发改委同意备案以来，我国文化产业投资基金快速发展，截至 2014 年 8 月，基金数量已经超过 110 支，资金总规模超过 1330 亿元。

（1）我国文化产业投资基金设立方式有三种。一是由政府参与发起设立的文化产业投资基金。这类基金通常是财政部或地方政府为落实国家扶持文化产业发展政策而设立的，由财政部或地方政府作为主要出资人并委托基金管理公司专业运作，或者由地方政府牵头设立的文化产业引导基金。例如，由财政部、中银国际等共同发起的中国文化产业投资基金，由北京市政府倡导发起的北京服务·文化创新发展基金，由湖南省财政厅、长沙市人民政府牵头设立的湖南文化旅游产业投资基金，由云南省委省政府设立的云南文化产业发展引导基金。二是大型产业资本联合

我国广电集团资本运作研究
Research on the Capital Operation of Broadcasting
and Television Group in China

大型金融公司成立的文化产业投资基金。这类基金一般委托基金管理公司管理，既有大型的产业资本和业内资源做后盾，又有大型金融公司丰富的资本运作经验。例如，上海东方传媒集团、国家开发银行、中国宽带产业基金等联合发起的华人文化产业投资基金，海航集团、工银国际共同发起设立的海南国际旅游产业投资基金，工商银行广东分行、南方报业传媒集团、工银国际等联合发起广东文化产业投资基金。三是私募股权投资机构（PE机构）联合大型企业设立的产业基金。这种基金往往是私募股权投资机构利用手中已有的文化产业相关资源或专业人才，在国家利好政策带动下而成立的。例如，由河北环渤海湾经济技术集团联合玄元投资发起成立的河北省旅游文化产业股权投资基金，由无锡广电集团和华映光辉投资管理（中国）有限公司共同成立的无锡华映文化产业基金。据投中集团（ChinaVenture）2013年4月公布的统计数据，国内文化产业基金的LP中有66%来自企业投资者[1]，政府主导参与（包括引导基金）的份额为13%，VC/PE投资机构投资者占比为13%，金融系LP群体约为9%[2]；在企业投资者中包括上影集团、中影集团、海峡出版发行集团等大型国有企业。

（2）我国文化产业投资基金运作方式分为三类。目前，国内基金运作方式有三种类型：市场运作类型、合资类型、政府指导类型。市场运作类文化产业投资基金的代表是华人文化产业投资基金，这一类型被认为是未来的主流。合资类文化产业投资基金的代表是大摩华莱坞基金。政府指导运作类文化产业投资基金的代表是中国文化产业投资基金，它是目前国内规模最大的文化产业投资基金（规模为200亿元），财政部出

---

① 私募基金的组织形式一般采取有限合伙公司制。合伙式基金包括有限合伙人（Limited Partner）和一般合伙人（General Partner）。前者（LP）类似于公司股东，以其所投资的金额为限承担有限责任，不参与基金的日常经营管理，其收益为公司的利润分成；后者（GP）是专业的基金管理人，作为法人代表负责组建基金管理公司和基金日常经营管理，收益为管理费和利润分成。

② 证券时报网快讯中心：《国内共建92支文化产业基金　募资火爆而投资退出遇冷》，中国证券时报网，2013年4月25日。

资，由中银国际进行管理。目前，国内多数基金受政府主导，市场化运作程度不高，基金运作总体上仍处于起步阶段。

（3）我国文化产业投资基金投资风格以保守稳健为主。从 2009 年首只文化产业投资基金获准备案以来，国内文化产业投资基金投资风格总体上以保守稳健为主。其原因，一方面是多数基金受政府主导，投资决策趋于稳健；另一方面是多数基金遇到募资不到位、成立时间短、操作经验少、无先例可循等问题，运作初期的投资多数属于探路性的投资，总体呈现为保守。这种保守稳健的投资风格适用于成熟的文化产业企业以及运营状况良好的文化产业企业，使包括广电传媒产业在内的传统传媒产业短期内获得相对多的优惠。预计未来几年，随着新兴传媒产业投资价值的进一步提升和市场运作类基金进一步成长，国内新兴传媒产业企业获得越来越多的文化产业投资基金的投资，国内文化产业投资基金的投资风格将有所转变。

（4）我国文化产业投资基金投资范围和投资方向一定程度上陷入困境。目前，优质的国内文化产业投资项目相对缺乏，而国内文化产业投资基金拥有的资金相对富余，使文化产业投资市场险象频生：优秀投资项目一级市场中的溢价率已经要接近二级市场；部分资金更以文化产业园区的方式，变相圈地流入房地产，与文化实质脱离。按照原来的设计，文化产业投资基金投资范围和方向应该是文化产业及其相关产业企业，而现实却与原来的设计有所偏离，一定程度上陷入了困境。这种偏离不仅可能导致国家强化对现有文化产业投资基金的规范和监管，还可能影响今后新设立基金的备案核准和基金募集资金的规模。

（5）国内部分广电集团（电台电视台）通过旗下公司间接参与发起成立文化产业投资基金。例如，深圳广电集团通过参股的深圳国际文化产业博览交易会有限公司间接地参与发起成立中国文化产业投资基金（详见下文我国广电传媒产业投资案例之一），上海文广集团通过旗下上海东方惠金文化产业投资有限公司间接地参与发起成立华人文化产业投资基金（详见下文我国广电传媒产业投资案例之二）。

我国广电集团资本运作研究
Research on the Capital Operation of Broadcasting
and Television Group in China

（三）我国广电传媒产业投资案例之一：中国文化产业投资基金的产业投资

中国文化产业投资基金由财政部、中银国际控股有限公司、中国国际电视总公司及深圳国际文化产业博览交易会有限公司等联合发起，正式成立于 2011 年 7 月，目标总规模 200 亿元。中国文化产业投资基金主要采取股权投资方式，重点投资于新闻出版和发行、广播影视、文化艺术、文化科技、文化休闲、网络文化及其他细分文化相关行业的未上市企业，推动文化企业跨地域、跨行业改制重组和并购以及文化资源的整合和结构调整。中国文化产业投资基金管理有限公司是中国文化产业投资基金的管理人，由中银国际控股有限公司、中国国际电视总公司和深圳国际文化产业博览交易会有限公司共同组建，负责基金运营管理和投资决策。

中国文化产业投资基金募集资金主要方向是认同中国文化产业发展趋势和机遇的国家级大型企业，发达省份的地方政府和改革试验企业。截至 2014 年 8 月，中国文化产业投资基金已经完成首期募集，共募集到资金 41 亿元。中国文化产业投资基金的项目投资封闭运行 10 年，前 5 年为投资期，后 5 年为退出期。

中国文化产业投资基金投资范围主要是传统媒体、新媒体以及文化关联行业。投资的比重是：40%的资金投资于传统媒体，30%左右的资金投资于新媒体，30%的资金投资于关联产业。投资的对象是成长期和成熟期的企业，同时瞄准文化产业新闻行业的龙头，兼顾一些比较早期的项目，部分参与已上市公司的定向增发。截至 2014 年 5 月，中国文化产业投资基金已投资了新华网、中国出版、中投视讯、骏梦网络、欢瑞世纪、山东出版、万方数据、百事通、开心麻花、雅昌文化、灵思营销、华视影视、丝路数码、浩洋电子、实力电传、大陆桥、金海岸、摩登天空、四月星空、玄机科技等 20 多家文化企业（见表 2-2）。

表 2-2 中国文化产业投资基金投资的企业名单

投资的企业	投资的原因
新华网股份有限公司	新华社主办的中央重点新闻网站，是党和国家重要的网上舆论阵地，在海内外具有重大影响力
中国出版传媒股份有限公司	国家级大型出版发行机构，拥有包括人民文学出版社、中华书局、三联书店、商务印书馆等在内的多个知名品牌，在我国文化产业中具有独一无二的影响力
北京中投视讯文化传媒有限公司	国内首批从事手机视频内容制作的文化传媒公司，拥有相关信息网络视听节目牌照以及强大视听内容的制作和运营能力
上海骏梦网络科技有限公司	以自主研发为核心竞争力，同时具备资深运营和营销经验的新兴网页兼社交游戏公司
上海百事通信息技术有限公司	国内领先的线上综合法律服务提供商，拥有庞大的服务团队和强大的运营能力
万方数据股份有限公司	中国数字出版和期刊数据库领军企业
欢瑞世纪影视传媒股份有限公司	国内领先的影视内容制作公司，拥有多位一线艺人及出色的制作能力
北京开心麻花娱乐文化传媒有限公司	立足于喜剧舞台剧的综合性娱乐文化公司。首创贺岁舞台剧概念，全面投入综合娱乐产业，并布局全产业链，已成为民营话剧市场"第一品牌"
山东出版传媒股份有限公司	中国规模最大的出版集团之一，连续多年入选中国文化企业30强
雅昌文化（集团）有限公司	全国领先的艺术服务公司，凭借独特的"传统印刷+现代IT技术+文化艺术"的商业模式，通过"为人民艺术服务"实现"艺术为人民服务"，多次获得国内外行业大奖
北京灵思云途营销顾问有限公司	灵思是中国最具规模与实力的营销机构，长期在中国公关行业20强榜单中名列前茅，同时也是中国4A广告公司，是国内为数不多的广告、公关双TOP公司。在互联网时代，灵思在包括社会化媒体、垂直门户等多领域广泛布局，通过立体化的传播手段为客户提供"一站式"整合营销服务
华视影视投资（北京）有限公司	国内最具品牌竞争力的电影电视剧制作发行公司之一，致力于打造纵贯影视剧剧本版权管理、影视剧制作、发行、娱乐整合营销、艺人经纪管理的影视行业全生态产业链
丝路数码技术有限公司	国内领先的三维数字视觉内容服务商，现有业务范围涉及多媒体整体解决方案、展览展示解决方案等，并在影视广告、影视后期、CG游戏等领域积极创新
北京四月星空网络技术有限公司	中国最大的互联网原创动漫平台。公司旗下的"有妖气"是国内最大的纯原创漫画网站，数千名优秀的中国原创漫画作者会集于此，公司拥有海量的忠诚用户，每年在平台上产生的优秀作品数以千计，力求成为中国原创动漫的源头砥柱型企业
杭州玄机科技信息技术有限公司	中国最优秀的原创动漫公司之一，其主打动画作品《秦时明月》网络点击超过20亿次，是国内当之无愧的青少年第一动漫品牌，公司业务横跨动画制作、电影、影视剧、网络游戏，具备全产业链的运作能力

我国广电集团资本运作研究
Research on the Capital Operation of Broadcasting
and Television Group in China

续表

投资的企业	投资的原因
大陆桥文化传媒有限公司	中国最大的民营纪录片企业，拥有完整的业务布局、庞大的海外合拍资源、广阔的发行渠道。公司不仅是搜狐视频、爱奇艺在国内最大的纪录片战略合作伙伴，而且与国际顶级机构（如 BBC、ABC、NHK 等）合作完成了诸多国际一流纪录片，如《厨王争霸》、《野性密码》等。《末代皇帝——溥仪》获得了国际纪录片领域的多项大奖；《传奇》系列是国内发行最领先的日播剧品牌之一
广州浩洋电子有限公司	中国首屈一指的专业舞台灯光制造企业，不断为市场注入新的设计理念，推出品质一流的高端产品，主要包含电脑摇头灯、LED 演艺照明、LED 建筑照明、LED 商业照明、LED 显示屏和相关控制系统
北京摩登天空文化发展有限公司	中国目前规模最大的新音乐独立唱片公司，旗下运营国内规模最大的"草莓音乐节"和最具国际知名度的"摩登天空音乐节"
杭州金海岸文化发展股份有限公司	金海岸通过"剧院连锁、院团合一"的经营模式在全国拥有 16 家连锁剧院，每年常态演出超过 4000 多场，接待观众达 300 万人次，是目前国内民营规模最大的直营连锁文化演艺企业
北京实力电传文化发展有限公司	长期专注于电视节目创意制作，2013 年在央视推出了《中国汉字听写大会》，创下央视多项收视纪录，2014 年持续推出央视热播的《中国成语大会》，已发展成为中国最具本土原创能力的电视节目制作公司
炫彩互动网络科技有限公司	炫彩互动是中国电信集团旗下唯一的游戏运营平台，三大主营业务分别为"爱游戏"（手机游戏）、"itv 游戏"（电视游戏）和"中国游戏中心"（PC 游戏），在电信用户、电信计费和电信混合所有制改革等方面具有独特优势
中国教育出版传媒股份有限公司	中国教育出版传媒股份有限公司是中国最大的出版传媒企业之一，在教育出版领域拥有举足轻重的地位。旗下包括人民教育出版社（成立于 1950 年）、高等教育出版社（1954 年）、语文出版社（1956 年）、中国教学仪器设备有限公司（1978 年）和中国教育图书进出口有限公司（1987 年）五家一流教育出版及教育服务企业

资料来源：根据中国文化产业投资基金官方网站公开资料整理而成。

（四）我国广电传媒产业投资案例之二：华人文化产业投资基金的产业投资

华人文化产业投资基金于 2009 年 4 月通过国家发改委同意备案，是第一个在国家发改委获得备案通过的文化产业基金，总规模为 50 亿元。华人文化产业基金采用有限合伙制，建立基金出资人设立基金、基金管理人管理运作基金资产、基金托管人保管基金资产的运作架构。华人文化产业投资基金重点关注文化与传媒领域的改制重组、行业整合和业态创新，努力成为推动国内文化产业跨越式发展的重要战略投资者，致力探索构建属于中国的全球传媒投资与运营平台。

华人文化产业投资基金的主要发起方及出资方均具有较强的金融投资及文化传媒行业背景。它们包括由上海东方传媒集团有限公司（SMG）控股的上海东方惠金文化产业投资有限公司、国家开发银行下属的国开金融有限责任公司、上海大众公用事业（集团）股份有限公司下属的上海大众集团资本股权投资有限公司、招商局中国基金下属的深圳天正投资有限公司、文汇新民联合报业集团、宽带资本等机构。作为主要发起方之一，上海东方惠金文化产业投资有限公司由上海东方传媒集团有限公司、上海精文投资有限公司、上海张江文化控股有限公司组成，其中，上海东方传媒集团有限公司（SMG）是国内外具有广泛影响的大型传媒企业集团，业务涉及广播影视、平面出版、娱乐演艺、版权发行、家庭购物、新媒体运营等多种业务领域，拥有丰富的传媒运营经验和资源，可以在基金的项目筛选、投后管理等方面发挥重要作用。作为主要发起方之一，国开金融有限责任公司是国家开发银行转制后成立的全资子公司，除了直接注资基金，还可以依托国开行的信用支持、政府资源、产业背景和网络优势，为基金提供包括大型并购项目融资等一系列服务。

华人文化产业投资基金同时拥有人民币和美元基金。首期募集于2010年6月完成，共募集到20亿元，基金从此正式运营。2014年5月，华人文化产业投资基金完成首期美元基金募资，融资规模3.5亿美元；投资人包括国际知名的主权基金、母基金以及部分跨国企业和行业领袖。

从2010年正式运营以来，华人文化产业投资基金的投资方一直遵循三个方向：一是传媒和娱乐行业，偏重于内容；二是互联网和移动，主要关注平台；三是关注生活方式，重点是国内中产阶级生活方式。截至2014年8月，华人文化产业投资基金对星空传媒、东方梦工厂、TVB中国、IMAX中国、财新传媒、东方购物、联众游戏、寺库、格瓦拉、引力影视、盛力世家、IPCN梦中心、乐华娱乐等十几家企业进行了投资。其中，收购原属美国新闻集团全资拥有的星空卫视、Channel［V］及全球最

我国广电集团资本运作研究
Research on the Capital Operation of Broadcasting
and Television Group in China

大的华语电影片库 Fortune Star，成立星空华文传媒公司①；与全球动画电影领导者美国梦工厂合资成立家庭娱乐公司——东方梦工厂，生产中国元素、全球发行的动画影视作品，并涉足版权发行、衍生消费品、游戏、现场娱乐、主题乐园等领域，形成以动画为核心的完整的家庭娱乐产业链；投资全球领先的影视娱乐技术提供商 IMAX，成立 IMAX 中国，推动高端影视娱乐技术与内容产业的发展；集合国际优势资源共同打造中国都市文化休闲娱乐新地标"上海梦中心"；与历史悠久的华语电视内容提供商香港 TVB 共同投资建立上海翡翠东方传播有限公司，负责 TVB 在中国内地的所有业务；投资用户覆盖全国 3000 万个家庭的中国最大的电视购物公司东方购物；投资国内最有影响力的财经媒体之一财新传媒；出资 2 亿元投资互联网订票平台——格瓦拉生活网。在华人文化产业投资基金投资的企业中，截至 2014 年 9 月，只有联众游戏一家实现成功上市。

---

① 星空华文传媒公司旗下的灿星制作成功引进和开发了《中国好声音》、《中国达人秀》、《中国好歌曲》、《出彩中国人》等一系列创造收视纪录的电视节目。

　　并购是指企业为实现一定的并购目的而实施的兼并与收购，是一种通过转移企业所有权或控制权实现资本扩张和业务发展的手段，是资本运作的重要方式，一般分为产业性并购和重组性并购。传媒并购是指传媒企业实施的兼并收购或者以传媒企业作为目标的兼并收购，广电传媒并购是指广电传媒企业对广电传媒企业或非广电传媒企业实施的兼并收购或者以广电传媒企业作为目标的兼并收购，广电传媒并购与传媒并购之间既有联系又有区别。受广电体制和产业政策等因素制约，我国广电传媒并购并不活跃，鲜见跨地区、跨行业、跨所有制的重大并购案例，不过，随着文化体制改革和传媒业发展，预计今后广电传媒并购活动将有所增加。有鉴于此，本章探讨传媒并购动因与风险、我国传媒并购现状与趋势等与广电传媒并购密切相关的问题，分析国内外与广电传媒相关的传媒并购案例。

我国广电集团资本运作研究
Research on the Capital Operation of Broadcasting
and Television Group in China

一、传媒并购动因与风险

（一）传媒并购动因

对于企业并购动因，现代经济学或管理学分别从经济周期、行业发展周期、市场控制、公司规模、交易成本等角度进行了广泛而深入地分析。主要包括：经济周期假说，即并购与宏观经济发展和投资环境的周期性有关；行业生命周期假说，即在行业的发展阶段，新的企业或小企业会成为成熟行业或衰退行业中较大企业进行并购的目标；市场势力假说，即并购可以增加主并公司对市场的控制力，通过并购减少竞争对手，提高行业的集中度，增强对供应商和买主讨价还价的能力，从而形成市场进入壁垒或市场垄断；规模效应假说，即企业并购的目的源于企业对最佳经营规模的追求，为达到实现企业利润最大化的产量而通过并购来扩大企业生产规模；交易成本假说，即并购交易的目的在于节约交易费用，企业通过并购使交易内部化从而达到节约交易费用的目的；剩余控制权假说，即并购取决于"剩余控制权的争夺"，主并方通过并购获得更大的企业剩余控制权，从而获得契约中未明确的对公司控制权所带来的额外收益；协同效应假说，即并购是公司为了追求管理协同效应、经营协同效应与财务协调效应而形成的优势资源互补，以求实现公司价值最大化的行为；价值低估假说，即在一个有效的资本市场中，主并方可通过并购来获得"价值被低估"的公司，从而增加自身权益的价值；合理避税假说，即对亏损企业进行收购，或基于主并与被并企业不同资产之间存在税差而进行的收购，都可获得客观的税收收益。在这些适用于各个行业的理论研究成果的基础上，笔者认为，进入 21 世纪以来，国内外传媒并购的动因主要有以下三个。

（1）追求规模经济。现代微观经济学理论揭示，当企业的生产成本曲线呈现"U"形分布，在其他条件不变的前提下，随着生产投入的增加，企业的边际产量也随之递增，边际成本也随之降低，当企业产品的市场价格等于其边际成本时，生产达到了最佳规模点，即达到了实现企业利润最大化的产量。根据这一原理，企业具有扩大生产规模以降低生产成本、实现最大利润的追求，即追求规模经济。为追求规模经济，企业往往会通过实施兼并和收购来扩大生产规模。对于生产传媒产品的企业来说，只要处于追求规模经济的阶段，就具有进行并购以扩大生产规模的动机。国内外传媒企业成功并购案例证明，经过有效并购重组整合，同质媒体提高了专业化运作水平和分工程度，使各自原有相对优势在规模扩大的条件下更好地发挥出来，最终降低传媒运营成本，获得规模经济。20世纪90年代以来，随着传媒数字化技术发展和应用，数字化和网络化后的新传媒内容更易于存储、处理、包装与传输，更容易在不同媒体之间实现要素共享。比如，对于一个新闻事件的采访，以往是电视台、电台、报社多家媒体分别出动，而在数字媒体时代，所有关于视频、音频以及相关文字的内容可以由一个传媒团队独立完成信息生产任务，并将采集之后的内容在一家传媒公司的电视、电台、网络、报刊等不同渠道加工完成，从而实现信息多渠道共享，有效地分摊信息各自采集、处理所需的高额成本[①]。在这一技术进步背景下，通过并购实现多媒体融合发展，进而扩大生产规模降低传媒运营成本，成为发达国家传媒集团发展的主流趋势。顺应这一趋势的传媒并购体现其对规模经济的追求。

（2）追求产业利润。马克思政治经济学原理揭示，资本具有逐利性，资本流动呈现出从平均利润率相对低的产业流向平均利润率相对高的产业的趋势。资本在产业之间的流入流出一般是通过企业并购来实现，在这一过程中，企业并购最终目的是追求产业利润。从现阶段传媒产业发展趋势看，一是文化消费需求快速增长吸引资本流入传媒产业。国际经

---

① 苏朝勃、石莉萍：《传媒并购加速动因的经济学思考》，《财务与金融》，2012年第5期。

我国广电集团资本运作研究
Research on the Capital Operation of Broadcasting
and Television Group in China

验表明，居民收入进入世界中等国家水平后，当恩格尔系数下降到30%~40%时，是文化消费需求快速增长的时期。随着我国居民收入水平持续提高和黑格尔系数下降，社会文化消费需求快速增长，包括传媒产业在内的文化产业吸引大量资本流入。二是新兴传媒产业快速发展引发资本流动。进入21世纪以来，数字传媒技术和网络技术广泛应用，既形成了新媒体快速发展趋势又推动了电信网、互联网和广电网之间的"三网融合"，既引发资本在传统媒体和新媒体之间、传媒产业链上下游之间的流动又吸引传媒产业以外的资本流入新兴传媒领域。

（3）追求市场控制权。企业管理学或市场营销学揭示，减少竞争对手，提高行业的集中度，可以增强企业对供应商或买主的讨价还价的能力，从而形成市场进入壁垒或市场垄断，获取垄断带来的超额利润，因此，企业具有通过并购掌握市场控制权的动机。在一些细分的新媒体行业，市场空间还不大，政策约束比较少，传媒企业通过并购能够快速获得市场垄断优势。以分众传媒并购聚众传媒为例，2006年1月，分众传媒以现金加股票共计3.25亿美元合并主要竞争对手聚众传媒，通过这次合并形成中国最大的户外广告平台，约占全国楼宇视频广告市场96.5%~98%的份额，并购之前分众传媒的广告价格逐年降低，并购以后分众传媒的广告价格不断攀升，折扣率的明显减少，议价能力得到显著改善[1]。分众传媒并购聚众传媒的动因就是终结行业恶性竞争，掌握市场的控制权。

（二）传媒并购风险

企业并购一般要经历制定并购战略和寻找目标企业，对目标企业进行全面调查，提出并购方案，与目标企业董事或大股东接洽并商议并购建议，履行具体的并购程序，并购后进行整合六个基本步骤。由于企业并购的复杂性，所以并购过程中存在大量的难以预测的风险，即所谓的并购风险。笔者认为，传媒并购的风险主要有以下七点。

---

[1] 上海国家会计学院：《企业并购与重组》，经济科学出版社，2010年版。

（1）并购策略制定风险和目标搜寻风险。错误的并购策略将从根本上导致并购的失败，每个企业都必须根据自己在市场上的地位及其机会和资源，确定一个最适合自己的并购策略。受市场信息不完整不对称、企业家能力有限等多方面因素影响，企业制定的并购策略不可能完美无缺，甚至有脱离实际的可能性。受并购策略失误、收购标准不正确、市场信息不完整不对称等因素的影响，并购方在对目标公司进行可行性分析时，可能高估了并购收益，可能高估了并购产生的协同效应，可能低估了并购成本，可能没有充分认识并购的机会成本，由此造成并购目标搜寻风险。

（2）目标企业的信息风险。在确定目标企业前，并购方必须对其历史、资产状况、财务状况、市场状况等方面的情况进行详细的调查研究。由于并购方与目标企业处于信息不对称地位，并购方对目标企业资产价值和盈利能力的判断往往难以做到非常准确。以财务方面的信息风险为例，在财务报表方面，目标企业可能用虚假报表美化财务、经营状况，甚至把濒临倒闭的企业包装成完美无缺的企业；在资产方面，目标企业在资产账实相符、存货可变现程度、资产评估准确可靠、无形资产权属、交割前的资产处置等方面的问题都可能使并购方得到的资产大大少于账面价值。

（3）政府干预风险。受传媒产品性质影响，政府行政极易介入传媒并购活动。政府对并购活动的行政干预，使企业并购不是完全按市场原则去操作而是受权力的信号所引导，很容易导致并购效益低下。与其他行业相比，传媒并购的政府干预风险比较大；与其他国家相比，我国传媒并购的政府干预风险也比较大。

（4）法律风险。如果并购企业违反法律并且被追究法律责任，则由此造成的经济损失及其社会影响往往超过并购企业在并购活动实施后所能获取的商业利润与企业形象，因此，并购计划在法律部分的内容及其重要性，被越来越多的企业所重视。并购法律风险：一是来自并购方面的若干法律规定，例如，并购程序中的数额限制、公告义务、相关联机构的直接间接并购行为、连续购买的时间限制、收购要约的规范、收购价

我国广电集团资本运作研究
Research on the Capital Operation of Broadcasting
and Television Group in China

格等等，一旦违反这些规定，不仅可能被课以行政处罚，还可能宣称该判定无效，甚至承担各种民事赔偿责任，并陷入旷日持久的诉讼。二是来自市场管理方面的若干法律规定，如在运作过程中有无违反信息披露制度，实施误导式造市行为，有无参与联手造市获取市场差价、有无利用内幕消息进行交易等，一旦违反这些管理规定，轻者要被警告、没收非法所得或罚款等，重则还额外承担民事赔偿乃至被追究刑事责任。

（5）目标企业管理层风险。企业被并购意味着控制权的丧失，代理权的缩小，被并购企业的管理者们可能会抵制甚至强烈抵抗，这是因为放弃控制权所获得的超额收益并不属于他们所有，而丧失的控制权却是他们现实所拥有的。目标企业管理层可能会利用目标企业公司章程中的一些反并购措施来抵制并购，例如购回公司股票、对目标公司本身资产重组或债务重组等，使并购无法顺利进行，甚至失败。

（6）财务风险。财务风险一般有融资风险和流动性风险。融资风险主要是指能否按时足额地筹集到资金，保证并购顺利进行。如何利用企业内部和外部的资金渠道在短期内筹集到所需的资金，是并购活动能否成功的关键。流动性风险指企业并购后由于债务负担过重，缺乏短期融资，导致支付困难的可能性。流动性风险在采用现金支付方式的并购企业表现尤为突出。财务风险在企业并购风险中处于非常重要的地位，不论是支付困难还是企业破产，都与财务安排不当有关。企业并购中较高的债务结构往往使收购方债务负担沉重，很可能出现"完成并购以后却没有相应的效益来支付本息而破产"。

（7）并购后的整合风险。并购整合包括生产要素重新组合，以及企业管理机制和企业文化的融合。在生产要素整合方面，并购方人员进入被并购企业后可能遇到原有人员的抵制，例如，并购方派驻的人员无法进入被并购方企业的核心层，或者即便是进入了核心层却无法起到决定作用；资产重组整合以后，并购企业可能被并购企业不良资产负债所拖累，无法取得规模经济效应、财务协同效应和资源共享效应。在企业管理机制和企业文化的融合方面，由于不同企业的管理机制和企业文化有一定的稳定性、独立性和差异性，因此并购企业与被并购企业之间容易出现管理机制和企业文化难以相融、互相冲突的现象，致使并购后企业运行效率低下，难以取得预期效果。特别是为适应新的管理机制而对员工安置时，容易引起人心不稳定，甚至引发震荡，影响并购效果。

二、国内传媒（新媒体）并购现状和趋势

（一）国内传媒（新媒体）并购现状

近年来，以百度、阿里巴巴和腾讯等互联网企业从战略布局出发，进行了多项并购活动，并购涉及金额大、涉及业务广，在我国传媒并购中表现较为活跃；而报业、出版、广电传媒等传统媒体企业的并购活动较少，表现并不活跃。其中，在广电传媒领域，广电网络企业的并购交易极少，不过，各省（区、市）的广电系统正在深入推进本地区的广电网络整合重组，中国广播电视网络有限公司于 2014 年 5 月正式挂牌成立，为今后广电网络并购奠定了基础；华策影视、光线传媒、华谊兄弟、花儿影视等影视制作企业进行了少量的并购交易。近年来的互联网、传统媒体、影视等领域重大并购事件如表 3-1、表 3-2、表 3-3 所示。

表 3-1　互联网企业主要并购事件

买方企业	标的企业	交易金额（亿元）	交易宣布时间（年月日）	交易股权（%）
阿里巴巴	新浪微博	35.48	2013.4.29	18
阿里巴巴	日日流物流	22.04	2013.12.9	34
阿里巴巴	高德地图	17.80	2013.5.10	28
阿里巴巴	天弘基金	11.8	2013.10.10	51
阿里巴巴	友盟	4.84	2013.3.22	—
阿里巴巴	虾米网	—	2013.1.10	100
百度	去哪儿网	18.53	2012.12.11	—
百度	91 无线	115.05	2013.7.16	100

我国广电集团资本运作研究
Research on the Capital Operation of Broadcasting
and Television Group in China

续表

买方企业	标的企业	交易金额（亿元）	交易宣布时间（年月日）	交易股权（%）
百度爱奇艺	PPS 视频	22.40	2013.5.7	100
百度	糯米网	9.69	2013.8.23	59
百度	爱帮网	6.06	2013.3.19	—
百度	纵横中文网	1.915	2013.12.27	100
腾讯	刷机精灵	0.58	2012.8.28	100
腾讯	搜狗	27.13	2013.9.16	36.5
优酷网	土豆网	—	2013.3.12	100

资料来源：崔保国：《中国传媒产业发展报告（2014）》，社会科学文献出版社，2014 年版。

表 3-2　传统媒体企业主要并购事件

买方企业	标的企业	交易金额（亿元）	交易宣布时间（年月日）	交易股权（%）
浙报传媒	杭州边锋、上海浩方	32	2013.5.10	100
苏宁和弘毅资本	PPTV	25.43	2013.10.29	44
中国电信	天翼视讯	11.44	2013.4.26	80
博瑞传播	吉比特	9.20	2012.7.25	79
博瑞传播	漫游谷	10.36	2013.7.10	70
苏宁	红孩子	4.00	2012.8.30	—
粤传媒	香榭丽	4.5	2013.10.28	100
蓝色光标	西藏博杰	16	2013.7.9	89
凤凰传媒	幕和网络	3.104	2013.8.21	64

资料来源：崔保国：《中国传媒产业发展报告（2014）》，社会科学文献出版社，2014 年版。

表 3-3　影视领域主要并购事件

买方企业	标的企业	交易金额（亿元）	交易宣布时间（年月日）	交易股权（%）
华策影视	克顿传媒	16.52	2013.7.30	100
华策影视	最世文化	1.8	2013.11.12	26
乐视网	花儿影视、乐视新媒体	15.98	2013.9	花儿影视 100 乐视新媒体 99.5
光线传媒	新丽传媒	8.29	2013.10.28	27.64
华谊兄弟	永乐影视	3.978	2013.12.24	51

资料来源：崔保国：《中国传媒产业发展报告（2014）》，社会科学文献出版社，2014 年版。

从近年来的传媒并购事件看，现阶段，我国传媒并购具有两个特点。

（1）互联网企业的并购目的具有较强的战略性，而传统传媒企业的并购目的战略性不明显。腾讯、阿里巴巴等互联网企业实力强大、资本雄厚，为占领新兴业务（移动互联网、社交网络、视频网站等）的制高点或遏制战略竞争对手，进行了多项并购交易，交易金额数量不断扩大，2013 年互联网企业并购活动达 21 项共计 294 亿元。传统媒体企业受制于传统媒体市场衰落，并购交易数量和金额不大，2013 年传统媒体企业发起的并购仅有 9 项，共计 116 亿元，达不到互联网企业的一半；传统媒体企业并购目的主要是为了解决短期盈利问题，例如，浙报传媒、华闻控股、粤传媒、凤凰传媒等传统媒体陆续并购网络游戏等高成长性和高利润的业务，主要目的是为了缓解企业收入下滑困境。

（2）跨国并购很少。虽然我国传媒企业积极开拓国外市场，但目前还处于以传媒产品交易为主的阶段，很少以国外传媒企业为标的开展并购活动；同时，受国家政策限制，国外传媒企业也难以获准并购国内传媒企业。其中，近两年来国内传媒企业并购或计划并购外国传媒企业的案例有：安徽出版集团在波兰全资收购时代马尔沙维克集团；中国出版集团计划以 1 亿元收购英国出版科技集团股份，积极抢占数字技术制高点；万达并购全球第二大院线 AMC；华策影视全资下属公司华策香港斥资3.23 亿元获得韩国电影行业 NEW 公司 15% 的股权。

（二）我国广电传媒并购案例：百视通吸收合并东方明珠

（1）并购方案的主要内容。上海文广集团旗下的百视通和东方明珠分别是我国 A 股市场文化传媒板块中市值排名第一和第二的上市公司。在这一次资产重组中，百视通和东方明珠合二为一，百视通换股吸收合并东方明珠，换股价格是百视通 32.54 元/股、东方明珠 10.69 元/股，换股比例为 3.04：1，即每 1 股百视通新增发行股份换取 3.04 股东方明珠股份；发行股份和支付现金购买资产，将上海文广集团旗下的尚世影业、东方购物等优质资产注入新的上市公司；配套募资 100 亿元。

（2）并购重组的结果。这次交易完成后，百视通成为我国 A 股市场上首家千亿级的文化传媒上市公司，上海文广集团（SMG）持有重组后

我国广电集团资本运作研究
Research on the Capital Operation of Broadcasting
and Television Group in China

上市公司约 45.07% 的股份，仍为重组后上市公司控股股东和实际控制人，上海市国资委仍为重组后上市公司最终控制人，上海市委宣传部受托对文广集团 SMG 实施监督管理，行使出资人职责。

（3）重组后新上市公司的定位。重组完成后，新上市公司成为上海文广集团统一的产业平台和资本平台，致力于成为新型互联网媒体集团，将推进传统媒体与新媒体融合，将以强大的媒体业务为根基，以互联网电视业务为切入点，实现受众向用户转变以及流量变现，通过各种衍生增值业务实现收益。新上市公司将原有业务与集团下属相关业务进行重构整合，打通产业链各环节，形成"内容＋平台与渠道＋服务"的互联网媒体生态系统和产业布局，发挥用户规模效应和渠道协同效应。

（4）重组后新上市公司的发展重点。据广发证券公司研发部门预计，新上市公司未来将渠道与平台、服务板块积累的部分利润用于支持内容板块发展，保障可持续提供优质媒体内容，以实现公司互联网媒体生态系统良性循环和可持续发展；新上市公司还将积极进行国际化和外延布局，分别与好莱坞、硅谷等在内容和互联网方面展开重点合作，围绕内容、平台与渠道、服务等板块探索并购、合资、合作、引进、培育等多种产业及资本合作方式以搭建多元化合作平台。

（三）我国传媒（新媒体）并购趋势

结合产业发展、产业政策、体制改革等趋势，笔者预计新兴传媒领域并购活动将持续活跃并且可能出现新的高潮，并购活动参与者将不仅有互联网企业，还有报业、图书、广电等传统传媒企业，以及金融等非传媒行业企业。在广电传媒领域，随着制播分离、"转企改制"等改革深入和影视业蓬勃发展，预计影视制作领域并购将更加活跃；随着省域广电网络整合工作的推进和中国广播电视网络有限公司正式运营，以及"三网融合"趋势进一步显现，各方将围绕"是否建设全国性统一的广电网络"展开博弈，预计在利益的驱动下，未来几年针对各省（区、市）广电网络企业的并购活动可能出现"井喷"式增长。在跨界并购方面，国内一部分广电传媒正着手设立基金并购互联网新媒体，预计未来几年，广电传媒与互联网新媒体的并购案例、交易规模将进一步上升。湖南电台电视台旗下的电广传媒于 2014 年 12 月 17 日晚发布公告，其子公司深圳市达晨创业投资有限公司将发起设立互联网新媒体产业投资基金，该基金将聚焦于互联网新媒体产业的股权并购机会，布局于网络视频、OTT TV、移动互联网、网络游戏、在线旅游、在线教育、在线广告、智慧医疗等领域①。在跨国并购方面，随着阿里巴巴、腾讯等互联网企业实力不断扩大及其在美国、中国香港等海外资本市场上市，预计以互联网企业为代表的传媒跨国并购交易将增多。

三、新世纪欧美主要传媒集团并购案例

（一）并购背景

纵观整个欧美国家传媒发展史，可以说是一部传媒并购重组的历史，并购重组是欧美发达国家传媒企业发展的主要手段之一。进入 21 世纪以来，欧美发达国家传媒并购出现了新的热潮，重大并购活动总体上顺应了四个方面的趋势。一是传媒集团化。在媒体竞争加剧和内容制作成本居高不下等多重压力之下，中小媒体公司生存更加艰难，建立囊括各种传媒渠道，面向各个层次受众，拥有多种服务方式的综合性全媒体集团就成为新世纪传媒产业组织发展的趋势。二是新媒体投资价值不断增长。随着以互联网信息技术、数字技术为主的新媒体传播迅猛发展，新媒体传播形式逐渐成为主流，新媒体日益显现出巨大的投资价值：它不仅是

---

① 根据公告，该基金规模拟定 50 亿元，其中达晨创投出资 8.982 亿元，占基金总规模的 17.96%。

我国广电集团资本运作研究
Research on the Capital Operation of Broadcasting
and Television Group in China

各类新广告的孵化器，而且它的互动式营销、体验式营销和数据库营销蕴含着巨大商机。三是传媒资本与金融资本融合。传媒集团化发展需要更多的资本支撑，否则难以维持；新媒体快速发展需要大量资本投入，否则难以持续；具有大量富余资金的金融资本投资传媒领域需要与传媒企业合作，否则难获利。传媒资本与金融资本融合是实现多方共赢的需要，是利益驱动的必然结果。四是新媒体和传统媒体融合。新媒体是信息技术与媒体产品服务紧密结合的一种现代传播渠道，具备向受众提供海量信息的能力，但是，在现阶段，新媒体在信息整合能力、内容生产资源和经验等方面比传统媒体弱，短期内无法替代传统媒体的作用。因此，新媒体与传统媒体逐渐走向资本和业务方面的深度融合也成为一种趋势。

（二）康卡斯特公司并购案例

康卡斯特公司（Comcast Corporation）是美国一家提供有线电视、宽带网络和 IP 电话服务的企业，总部位于宾夕法尼亚州的费城。目前，康卡斯特公司拥有 2460 万有线电视用户，1440 万宽带网络用户及 560 万 IP 电话用户，是美国最大的有线电视运营商；康卡斯特公司还是美国第二大互联网服务供应商，仅次于 AT&T。进入 21 世纪后，康卡斯特公司发起或参与的重大并购事件如下[①]：

2000 年，康卡斯特公司收购 Lenfest Communications，增加了 130 万用户。

2001 年底，康卡斯特公司继承美国历史上最大的宽带网络。

2002 年，康卡斯特公司斥资 475 亿美元收购 AT&T Broadband Cable Systems 的所有资产。通过这项并购，康卡斯特公司获得美国 38 个州近 2100 万有线电视客户，收购了美国国家数字电视中心，一跃成为美国第一大有线电视运营商；康卡斯特公司开始从事广告销售业务，涉足高清

---

① 资料来源于百度百科、新浪财经等媒体报道，经笔者整理而来。

视频服务和 VOD 业务。

2004 年，康卡斯特公司曾提出以 660 亿美元收购华特迪士尼公司，但最终因对方反对而放弃收购。同年，康卡斯特公司将 QVC 的股票转卖给 Liberty Media，套现 79 亿美元。

2005 年，康卡斯特公司和索尼影视娱乐有限公司（Sony Pictures Entertainment）联合收购当时好莱坞五大电影公司之一的米高梅电影公司（MGM）。同年，康卡斯特公司以 5.4 亿美元收购 Susquehanna Pfaltzgraff 旗下有线电视子公司 Susquehanna Communications（此前拥有其 30% 的股票），这项并购给康卡斯特公司带来近 23 万有线用户，7 万数字有线用户，8.6 万宽带上网用户。

2006 年，康卡斯特公司与时代华纳有线（Time Warner Cable）联手，以 176 亿美元收购因创办者 Rigas 家族挪用公司资产而申请破产保护的有线电视运营商 Adelphia Communications Corp.。通过这项并购，时代华纳有线成为美国第二大有线电视运营商，康卡斯特公司和时代华纳有线同时根据地理位置互换用户，使双方利益可以在特定区域实现最大化。

2006 年，康卡斯特公司收购软件公司 Platform。

2007 年，康卡斯特公司以 4.8 亿美元收购 Patroit Media。这项并购给康卡斯特公司带来近 8.1 万有线用户，同时将其覆盖范围扩大到新泽西州。

2009 年，康卡斯特公司与美国通用电气公司达成协议，双方合资组建新的环球（NBC Universal）公司。其中，康卡斯特收购 NBC 51% 的股份，美国通用电气持有剩余的 49% 股份并将逐步全部卖给康卡斯特，新的 NBC 环球由康卡斯特负责管理。

2011 年，经美国司法部的反垄断批准，康卡斯特公司完成了对 NBC 环球 51% 股份的收购。根据与美国通用电气达成的协议，康卡斯特向合资公司注入 Versus、Golf Channel 和 Entertainment 等有线电视频道资产，作价 72.5 亿美元；此外，康卡斯特还向通用电气支付了 62 亿美元现金。

2013 年，康卡斯特公司宣布，以 167 亿美元的价格收购通用电气持有双方合资企业 NBC 环球 49% 的股份。其中，康卡斯特公司向通用电气

我国广电集团资本运作研究
Research on the Capital Operation of Broadcasting
and Television Group in China

公司支付 114 亿美元的现金、40 亿美元的无担保优先债券，提供 20 亿美元的信贷借款额度和 7.25 亿美元的子公司优先股。这项并购交易将在 2014 年底前完成。

2014 年 2 月，康卡斯特公司宣布以每股 158.82 美元、总价达 452 亿美元的价格收购美国第二大有线电视运营商时代华纳有线，计划以全股票交易的形式完成这项收购。虽然这项并购还需要美国监管部门的批准，但两家公司预计有望于 2014 年底前完成交易。如果交易获得批准，两家公司合并后，新公司将拥有约 3000 万视频用户，用户数量将超过最强大的视频竞争对手 DirecTV，后者拥有约 2000 万用户。

2014 年 3 月，康卡斯特公司斥资约 3.2 亿美元收购一家名为 FreeWheel 的视频广告公司。FreeWheel 诞生于 2007 年，后来陆续获得了 3000 万美元的风险投资，FreeWheel 的视频广告客户主要覆盖电视行业，比如 NBC 环球公司、福克斯、特纳广播公司和天空电视台，维亚康姆等。FreeWheel 总体上类似于一个视频广告的交易所，近年来，其视频广告进入了显示广告领域，成为谷歌 DoubleClick 业务的直接竞争对手。

（三）时代华纳公司并购案例

时代华纳（Time Warner Inc.）于 1990 年由时代公司和华纳传播公司合并而成，是全球规模最大、范围最广的互联网、媒体及娱乐集团之一，总部位于美国纽约市。在 2012 年财富世界 500 强排行榜上，时代华纳排名第 381 名。其经营领域包括互动服务、互联网接入、有线系统、电影娱乐、电视网络、音乐及出版等。时代华纳旗下拥有一系列极具价值的媒体品牌，如 CNN 有线新闻网、HBO、华纳兄弟、《时代周刊》《人物》杂志等，它们在各自的业务领域都居于全球领先地位。1990 年成立后，时代华纳通过一系列并购，拥有了杂志、电影、电视及互联网等多种媒体，真正实现了跨媒体经营：通过"资源共享"，时代华纳的某一种产品发行，可以利用电影、电视、书籍、网络等媒体进行共时性复制与再现；当产品下档后，可以转换成录像带、DVD、CD、有线电视、无线电视节目等形式进行历时性的复制与再现。进入 21 世纪后，时代华纳发起或参与的重大并购事件如下①：

2000 年 1 月 10 日，美国在线（America Online，美国当时最大的互联网服务提供商）宣布以 1810 亿美元收购时代华纳。

2001 年 1 月 11 日，美国联邦通讯委员会有条件地通过了时代华纳与美国在线的合并案，条件是美国在线在使用时代华纳光缆时，必须开放它的即时信息服务，并且允许网络用户使用美国在线以外的网络供应商。这一垄断审查结果在一定程度上削减了时代华纳和美国在线的并购利益。

2001 年，时代华纳与美国在线正式合并。合并后，所有形式的媒体都被整合到这家全球最大的媒体公司之中，新的公司名称是美国在线时代华纳。这项并购是美国乃至世界历史上最大的一宗并购案。

2003 年 10 月，美国在线时代华纳公司恢复并购前的名称——时代华纳公司，标志着时代华纳与美国在线的并购整合失败。从此，美国在线被看作是时代华纳的一个部门，而不是公司首要的一部分。并购整合失败的深层次原因是两家公司的核心业务难以整合和企业文化无法融合；直接原因是并购后美国在线时代华纳公司出现巨额亏损，2002 年公司亏损额高达 987 亿美元，公司在"财富 500 强"的排名从 2001 年的第 37 位快速跌至 2002 年的第 80 位。

2008 年 5 月，时代华纳有线剥离时代华纳，成为时代华纳旗下一家子公司。

2009 年底，美国在线正式剥离时代华纳，成为一家独立的上市公司。

2014 年 6 月，时代出版公司正式剥离时代华纳。

2014 年 2 月，时代华纳将子公司时代华纳有线出售给康卡斯特，由后者接管时代华纳有线约 1100 万用户。

2014 年 7 月，新闻集团公司旗下的 21 世纪福克斯公司，拟报价 800 亿美元收购时代华纳。2014 年 8 月，时代华纳拒绝了这项收购提议。

---

① 资料来源于百度百科、新浪财经等媒体报道，经笔者整理而来。

我国广电集团资本运作研究
Research on the Capital Operation of Broadcasting
and Television Group in China

（四） 新闻集团并购案例

新闻集团（News Corporation）是世界上规模最大、国际化程度最高的综合性媒体集团之一，实际控制人是鲁伯特·默多克及其家族，前身是澳大利亚新闻有限公司。目前，新闻集团经营的业务几乎涉足所有媒体领域，核心业务涵盖电影、电视节目的制作和发行、无线电视和有线电视广播、报纸、杂志、书籍出版以及数字广播、加密和收视管理系统开发；旗下拥有 20 世纪福克斯电影公司、英国天空广播等众多全球著名的媒体企业；经营布局涉及澳大利亚、新西兰、英国、美国、中国、印度、巴西等全球欧美发达国家市场和新兴国家市场，实行洲际经营，运营中心在纽约，集团 75% 的利润来自美国。并购整合是新闻集团经营常用的手段，进入 21 世纪以来的重大并购如下[①]：

2000 年，新闻集团以 10 亿美元收购新加坡电信 4% 的股权。

2001 年，默多克将新闻集团在西欧、亚洲和拉丁美洲的卫星平台和相关资产重组，整合为天空环球网络集团（Sky Global Networks）。

2002 年，默多克着手收购美国休斯电子公司旗下的卫星电视公司（DirectTV）。DirectTV 是美国最大的卫星电视公司，在全美卫星电视市场中拥有 1200 万用户。

2003 年 4 月 9 日，新闻集团宣布以每股 14 美元的价格收购通用汽车公司持有的 DirectTV 母公司休斯电子公司 19.9% 的股份；当天，默多克再以该日收盘时每股 11.3 美元的价格从股民手中购买休斯公司 14.4% 的股份。随后，新闻集团将休斯公司 34% 的股份转入新闻集团控股的美国 FOX 电视公司。此次收购新闻集团共耗资 68 亿美元，标志着新闻集团成为全球最大的传媒集团之一。

2005 年 7 月，新闻集团以 5.8 亿美元现金收购 Intermix 媒体公司，随后将"时尚门户"网站 MySpace.com 和 Intermix 公司拥有的其他 30 多家

---

① 资料来源于百度百科、新浪财经、新华财经等媒体报道，经笔者整理而来。

站点都并入新闻集团的 Fox 交互式媒体部门。此次并购使新闻集团在美国的包月网络用户数量将增长近一倍超过 4500 万，为新闻集团扩展娱乐、游戏、视频、社区服务等网络业务奠定良好基础。

2005 年 9 月，新闻集团以 6.5 亿美元收购一家网络视频游戏公司 IGN Entertainment。IGN 公司下属网站包括 GameSpy. com、IGN. com 和 TeamXbox. Com，拥有两家娱乐网站，其中包括在影迷中很流行的 Rotten-tomatoes. com 网站。

2006 年 12 月，新闻集团以 DirecTV 集团 38.4% 的股份、三个地区性体育电视网络加上 5.5 亿美元现金换取自由媒体集团（Liberty）持有的新闻集团 16.3% 股权，相当于新闻集团回购了 110 亿美元股份。该交易对 DirecTV 的作价为每股 21.50 美元。本次交易结束了鲁伯特·默多克和新闻集团第二大股东——约翰·马龙领导的 Liberty 传媒公司长达两年的争执，确保了默多克对新闻集团的控制权。Liberty 传媒公司由此取得美国最大的卫星电视供应商 DirecTV 的控制权以及其他资产，重新成为美国电视节目制作和传播领域的重要企业。

2007 年 5 月，新闻集团向道琼斯公司发出总价超过 50 亿美元的收购要约，收购价比收购消息公布前道琼斯的股价足足高出了 67%；同年 6 月，新闻集团与道琼斯公司就保持《华尔街日报》采编独立问题达成"基本一致"，同年 8 月，新闻集团与道琼斯公司达成有关并购交易的确定协议。道琼斯公司创立于 1882 年，旗下拥有以商业和财经领域深度分析报道著称的《华尔街日报》报系和提供实时财经报道与市场评论的道琼斯有线新闻社，新闻集团和道琼斯的结合无疑使其成为全球财经新闻市场的领导者。据公开报道，默多克表示收购成功后，将会向《华尔街日报》注入新的资金，扩大报纸的覆盖面，并扩充欧洲版和亚洲版的实力；还会投资道琼斯的数字运营部门，包括 MarketWatch 和 WSJ.com 网站，利用这些网站和 Newswires 的资源，打造一个财经新闻门户。

2010 年 6 月，新闻集团提出用 78 亿英镑（121.9 亿美元）收购卫星电视公司英国天空广播（British Sky Broadcasting）剩余的 60.9% 的股份，

我国广电集团资本运作研究
Research on the Capital Operation of Broadcasting
and Television Group in China

同年 12 月欧盟委员会批准美国新闻集团对英国天空广播的收购计划。提出此次收购时，英国天空广播在英国运营电视、互联网、电话及其他服务等领域拥有 980 万用户；新闻集团已经持有英国天空广播的 39% 的股份，英国天空广播是新闻集团 20 多年前与其他公司合资创立的公司，英国天空广播的盈利状况已经从成立初期的连续数年亏损转变为新闻集团最成功、收益最高的投资之一，天空广播已经成长为欧洲最为强势的媒体公司之一。在持有 39% 的股份并以此实质控制英国天空广播的情况下，新闻集团的此次收购曾经令许多人迷惑不解。事实上，收购英国天空广播剩余的 60.9% 的股份，标志着新闻集团深入付费订阅电视服务领域，为新闻集团带来稳定的现金流，使新闻集团能够独享近年来英国天空广播对包括高清电视、视频点播、高速互联网在内的整套下一代电视服务的大量投资所带来的收益。2011 年 3 月 3 日，英国政府同意新闻集团全资收购英国天空广播，收购资金高达 120 亿美元。2011 年 7 月 13 日，受旗下《世界新闻报》一系列窃听丑闻影响，新闻集团宣布放弃收购英国天空电视台。

2010 年 6 月，新闻集团收购美国传媒公司赫斯特集团旗下的电子阅读平台 Skiff，对新闻在线（Journalism Online L.L.C）进行投资。赫斯特集团的 Skiff Reader 为阅读报纸和杂志提供更好的服务，有助于阻止报纸订阅用户和杂志读书以更快的速度流向其他载体。新闻在线由《美国律师》（American Lawyer）杂志和 Court TV 创始人史蒂夫·布里尔（Steve Brill）、前《华尔街日报》出版人戈登·格罗维茨（Gordon Crovitz）以及有线电视投资人里奥·新德里（Leo Hindery，Jr.）共同投资创建，该公司旨在为新闻出版商提供对网络内容收费的现成工具。新闻集团的首席数字官乔恩·米勒（Jon Miller）表示："Skiff 和新闻在线将是我们转变出版产业战略的核心组成部分，它们将确保消费者能够继续获得最高质量的新闻内容。"

2011 年 6 月，新闻集团宣布以 20 亿澳元（约 20 亿美元）现金收购总部设在悉尼的统一传媒控股公司（Consolidated Media Holdings）。统一传媒是澳大利亚最大的收费电视公司。此次收购使默多克对付费电视公司 Foxtel 所持股份增至 50%，并完全控制澳大利亚福克斯体育（Fox Sports）的业务。在此基础上，新闻集团的目标是使 Foxtel 在 10 年内控制澳大利亚的体育业务。

2012 年 10 月，新闻集团向英国出版与教育巨头培生集团（Pearson PLC）发出以 10 亿英镑现金收购企鹅出版社（Penguin）的请求，在最后关头加入了收购培生旗下企鹅出版社的竞争，搅乱了企鹅出版社与欧洲最大传媒集团德国贝塔斯曼（Bertelsmann SE）旗下兰登书屋（Random House）合并计划。企鹅出版社是新闻集团全资拥有的哈珀柯林斯出版集团（Harper Collins）的竞争对手。如果企鹅与兰登书屋合并，贝塔斯曼将持有合并后公司 60% 的股份，合并后的公司将占有英语书籍销售量的30%；如果企鹅与哈珀柯林斯合并，将占有英语书籍销售量的 20%。在新闻集团发出收购请求后不久，英国培生集团同意企鹅出版社与德国贝塔斯曼旗下兰登书屋合并，使新闻集团在此项并购竞争中落败。

2013 年 12 月，新闻集团宣布斥资 2500 万美元（1800 万欧元），收购爱尔兰自称"全球首个社交网络通讯社"的 Storyful 公司。Twitter、Instagram 和 Facebook 等社交网站正逐步成为新闻线索、突发新闻的重要来源，Storyful 的商业模式就是监控这些社交网络，同时利用自身技术和算法，对新闻的真实性进行确认。Storyful 与全球诸多新闻媒体存在合作关系，其中包括英国广播公司 BBC、《纽约时报》、美国广播公司、《华尔街日报》、法兰西 24 小时新闻频道、卡塔尔半岛电视台等。新闻集团认为，Storyful 已经成为新闻视频的集散中心，拥有足够的新闻敏锐度和创新力，可以从网民原创内容中发现，并且核实有价值的新闻；在收购完成后，新闻集团将把这种集散功能拓展到不同语言、跨越国界的大舞台上。虽然新闻集团针对互联网行业的大部分并购交易和业务尝试以失败而告终，如对社交网络公司 Myspace 的并购，但新闻集团仍然坚持收购 Storyful，意图将 Storyful 整合到新闻集团的媒体资产中，帮助旗下各媒体从社交网络获取新闻线索。

我国广电集团资本运作研究
Research on the Capital Operation of Broadcasting
and Television Group in China

（五）迪士尼公司并购案例

迪士尼公司（The Walt Disney Company），是一家总部设在美国伯班克的大型跨国公司，主要业务包括娱乐节目制作、主题公园、玩具、图书、电子游戏和传媒网络。旗下拥有皮克斯动画工作室（PIXAR Animation Studio）、惊奇漫画公司（Marvel Entertainment Inc）、试金石电影公司（Touchstone Pictures）、米拉麦克斯（Miramax）电影公司、博伟影视公司（Buena Vista Home Entertainment）、好莱坞电影公司（Hollywood Pictures）、ESPN 体育，美国广播公司（ABC）等著名公司。进入 21 世纪以来，迪士尼公司发起或参与的重大并购事件如下①：

2006 年 1 月 24 日，迪士尼宣布以高达 74 亿美元的价格收购长期的合作伙伴皮克斯动画公司。该交易采取股票置换方式进行，根据双方达成的协议，迪士尼按照 2.3∶1 的比例换购皮克斯股票，即每股皮克斯股票相当于 2.3 股迪士尼股票。2006 年 5 月 5 日，收购交易正式完成。此次收购，使皮克斯的 CEO 兼苹果电脑的掌门人史蒂夫·乔布斯拥有迪士尼 7% 左右的股份从而成为迪士尼最大股东并在迪士尼董事会占有一席之位，令其帮助迪士尼整合新、旧媒体，将电影、电视剧、视频游戏以及其他内容推广到计算机、iPad、掌上游戏机甚至手机平台。

2009 年，迪士尼以现金和股份交易的形式收购了 Marvel Entertainment Inc.。自 20 世纪六七十年代以来，Marvel 一直是迪士尼在动漫业务方面的竞争对手。根据协议条款和迪士尼 2009 年 12 月 31 日的收盘价，迪士尼以 42.4 美元的价格完成了对 Marvel 的收购，Marvel 股东获得 30 美元每股现金和按 1∶0.7452 比例换得迪士尼的股份。这项并购使迪士尼获得了蜘蛛侠、钢铁侠以及其他 5000 多个漫画角色的所有权，以及包括电影制作、出版和特许业务。

2012 年 10 月，迪士尼宣布以现金加股票共计 40.5 亿美元的价格购买

---

① 资料来源于百度百科、新浪财经、新华财经等媒体报道，经笔者整理而来。

好莱坞著名导演乔治·卢卡斯创立的卢卡斯影业。这次收购后，迪士尼拥有《星球大战》系列，并吸收卢卡斯影业旗下的特效制作业务，工业光魔公司和天行者音效录音棚。此次并购后，迪士尼在全球动画和科幻电影领域龙头地位进一步牢固，卢卡斯影业所拥有的"星战"文化题材很快被迪士尼运用到电视、消费品等领域。

（六）案例点评

（1）从这些欧美传媒集团案例可以看出，传媒企业的并购有利有弊，有成功也有失败。传媒并购可以使企业扩大规模，扩大影响，提高市场占有率，进入新的市场，例如，康卡斯特对 AT&T 宽带业务的并购，新闻集团对美国 DirecTV 的并购；可以拓展业务，形成新的核心业务，例如，迪士尼收购皮克斯使其业务从传统的、平面的二维动画业务拓展到数字化动画业务，新闻集团对 Intermix 媒体公司并购使其介入新兴的互联网媒体，等等。传媒并购存在巨大风险，过度地并购扩张，可能使组织规模变得过于冗杂、臃肿，使管理费用和成本不断上升，使企业生产规模超过最佳规模点，从而导致利润下降，甚至出现亏损；盲目并购进入新领域，可能使企业陷入债务危机和亏损困境，例如，受互联网泡沫破灭拖累，传统传媒企业时代华纳与互联网企业美国在线合并后不久就出现巨额亏损，引起内部矛盾，最终导致并购后整合失败；并购交易一般会面临监管部门严格审查和社会广泛关注，审查的时间周期可能会比较长，获批的条件可能会影响并购效益，审查结果可能使并购交易失败，例如，新闻集团对英国天空广播的并购交易；并购交易完成后，企业整合失败，会使企业陷入困境，例如，时代华纳与美国在线整合失败案例。

（2）从这些欧美传媒集团案例可以看出，传媒企业并购取得成功是有条件的。其中，条件之一是并购要有正确的并购战略和操作策略，例如，迪士尼的并购特点是，并购战略相当清晰，各项并购活动始终重视其战略意义；并购对象与迪士尼有长期的合作关系，并购业务集中在其擅长的电影、电视和少儿主题娱乐等领域，并购前充分考虑并购后公司在制

我国广电集团资本运作研究
Research on the Capital Operation of Broadcasting
and Television Group in China

度、发展战略、业务和资源、文化等方面的整合。条件之二是并购要获得被并购公司的大多数股东、管理者的支持，获得政府监管部门的批准和公众的理解，新闻集团合资收购天空广播却因窃听丑闻而失败就为这一条件做了反证。

（3）从这些欧美传媒集团案例可以看出，核心业务、企业文化等方面的有效整合决定着传统媒体与互联网媒体之间并购能否最终取得成功。例如，时代华纳与美国在线在核心业务、企业文化方面整合失败，导致并购最终失败；新闻集团收购"时尚门户"网站 MySpace.com 以后，没有准确把握互联网社交发展趋势，错误地加大了业绩考核要求，影响了网络用户的扩大，把机会拱手让给竞争对手，最终使 MySpace 陷入困境。

四、国内新媒体并购案例

进入 21 世纪以来，国内一些新媒体开展了一系列并购活动，对互联网或视听传媒业的发展产生重大影响。其中，与广电传媒并购接近的并购案例有：腾讯公司系列并购案例、优酷与土豆合并案例。

（一）腾讯公司并购案例

腾讯计算机系统有限公司（简称腾讯）成立于 1998 年，总部位于深圳市，是我国最大的互联网综合服务提供商之一，也是中国服务用户最多、最广的互联网企业之一。成立十多年来，腾讯通过自我发展、合作、投资收购等方式，初步建成了腾讯媒体体系。目前，腾讯的媒体平台包括腾讯网、QQ 弹窗微门户、微信公众平台、腾讯微博、QZone、QQ 邮箱、微信新闻插件、腾讯新闻客户端，涵盖了新闻门户、BBS、邮箱、微博、社交、手机阅读等全部媒体形态；腾讯 QQ 的累计用户数超过 20 亿，2014 年 4 月 11 日 21 时 11 分的腾讯 QQ 同时在线账户突破 2 亿，腾讯

QQ、微信等累计用户数已经超越了中国移动、中国联通、中国电信三大运营商累计用户数之和。在 2013 年"BrandZ 全球最具价值品牌百强榜"上，腾讯品牌价值排名第 21 名，超越第 31 名的 Facebook。自 2004 年在香港上市以来，腾讯先后在游戏、电子商务、移动互联、计算机软件、影视制作等领域发起或参与了一系列并购活动，其对外并购投资支出呈逐年增长之势，截至 2014 年 7 月，累计达到 537.07 亿元。其中，2010 年以后的并购活动日益活跃，其重大并购事件如下①：

2011 年 1 月，腾讯宣布成立腾讯产业共赢基金，初始规模为 50 亿元左右。腾讯计划将腾讯产业共赢基金建设成为腾讯并购投资的重要载体。

2011 年，腾讯加快推进 B2C 电子商务业务重大战略性布局，公开或未公开地并购了艺龙、好乐买、珂兰钻石等一批电子商务企业。2011 年 1 月，腾讯以 5000 万元收购同程网 30% 的股权；2011 年 5 月，腾讯出资 8440 万美元购买艺龙网 16% 的股权，成为艺龙网第二大股东；2011 年 6 月，腾讯以数千万美元收购珂兰钻石的部分股权，具体收购金额和股权数量未公布。

2011 年 5 月，腾讯通过深圳证券交易所大宗交易平台以 4.5 亿元购买了国内著名影视娱乐公司华谊兄弟 4.6% 的股权，成为华谊兄弟第一大机构投资者。华谊兄弟作为 A 股第一家上市影视娱乐公司，在电影、电视剧、艺人经纪等诸多领域位居行业前茅，2010 年更是创下 16 亿元票房纪录，占有当年国产电影 30% 的市场份额。通过此次并购，腾讯逐步将旗下的全平台产品与影视娱乐创作、传播和衍生产品发行相结合，努力实现影视娱乐产业与互联网的跨产业融合发展。

2011 年 7 月，腾讯以 8.92 亿港元购得金山软件公司 15.68% 的股份，成为金山软件公司的第一大股东；同时，腾讯还宣布通过战略投资支持金山软件旗下运营互联网安全服务的金山互联网安全公司。通过这次收购，腾讯有望寻找到安全产品领域新的商业模式，扩大在包括防火墙、

---

① 资料来源于百度百科、新浪财经、新华财经等媒体报道，经笔者整理而来。

我国广电集团资本运作研究
Research on the Capital Operation of Broadcasting
and Television Group in China

杀毒、桌面管理等在内的安全领域的市场份额，维持互联网服务入口的领先地位，巩固网络游戏的市场地位。

2012 年 8 月，腾讯、阿里巴巴、中国平安三家企业拟合资成立上海陆家嘴金融交易所，共同开发互联网金融。按照计划，上海陆家嘴金融交易所将主营互联网保险业务，其中包括互联网虚拟物品保险；同时，还将以腾讯、阿里巴巴的社交网络、淘宝支付宝网上数据中心为基础，尝试开展互联网新金融业务。

2013 年 9 月，腾讯向搜狗注资 4.48 亿美元，将旗下的腾讯搜搜业务和其他相关资产并入搜狗，交易完成后腾讯随即获得搜狗完全摊薄后 36.5% 的股份。在腾讯收购搜狗 36.5% 的股份后，搜狐及其关联方仍是搜狗的控股股东，而搜狗将继续作为搜狐的子公司独立运营。此次并购之前，腾讯花费 20 亿元巨资发展搜索业务，但是市场份额却不到 4%，市场影响很小。此次并购完成后，新的搜狗公司在国内搜索市场份额达到 12% 左右，而奇虎 360 公司市场份额将接近 20%，百度市场份额超过 60%。通过这次并购，使腾讯在国内的门户、游戏、互联网安全、搜索等多个市场同时拥有了强大实力。

2014 年 3 月，腾讯与京东达成协议：腾讯将以 2.14 亿美元收购京东上市前 15% 的股份；京东将 100% 收购腾讯 B2C 平台 QQ 网购和 C2C 平台拍拍网，以及易迅网少数股权和购买易迅网剩余股权的权利；腾讯还将在京东 IPO 时，以招股价认购京东额外的 5% 的股份。据腾讯测算，腾讯为此项并购交易支付的代价约为 169.59 亿元，交易后合计持有京东 17.43% 的股权。由于腾讯在移动互联方面有很大优势而京东在自建物流、电商实物方面有很强的实力，因此腾讯入股京东对中国网络零售市场格局产生了深远影响，预计将成为中国电商行业划时代的并购案。

2014 年 3 月，腾讯以 1.8 亿美元从易居中国旗下全资子公司乐居购买全面摊薄后 15% 的乐居股份。腾讯还宣布，将在乐居进行首次公开募股时认购额外的股份，以保持全面摊薄后持有 15% 的乐居股份。乐居的主要业务是房地产电子商务、在线广告和在线挂牌出售，此项收购标志着腾讯开始加入房产电商领域。

2014 年 3 月，腾讯斥资 5 亿美元收购韩国游戏公司 CJ Games 的 28%
股份；同时，腾讯还宣布，双方将成立新公司共同开发全球移动游戏市
场。CJ Games 于 2011 年 10 月成立，是韩国一家端游及手游开发及发行
商，在韩国运营多款网络游戏。交易完成后，腾讯成为 CJ Games 的第三
大股东；将使腾讯接触到这家韩国公司旗下的智能手机游戏资产，从而
能够通过微信手机聊天应用和其他平台发布这些手机游戏。这是继 2012
年收购韩国即时通信应用 Kakao Talk 之后，腾讯再收购韩国企业股权，
收购策略符合腾讯的"先收购目标公司少数股权，随后再与它们结盟"
的常用策略。

2014 年 4 月，腾讯以 11.73 亿元的价格受让四维图新 11.28% 的股权，
成为这家上市公司的第二大股东。四维图新是腾讯地图的竞争对手——
百度地图的基础数据供应商。腾讯收购四维图新股权后，可能迫使百度
寻找新的数据提供商。这项并购是腾讯注资搜狗并整合搜狗地图成为腾
讯地图之后，对互联网地图竞争对手的又一次打击。

2014 年 6 月，腾讯以 7.36 亿美元获得 58 同城完全摊薄后 19.9% 的股
份，成为 58 同城的第一机构股东。58 同城是一家主营生活入口型网站业
务的企业，是中国最大的分类广告平台，在美国纽约上市。继入股大众
点评、京东之后，此次并购将进一步完善腾讯的 O2O 电子商务生态系统，
使腾讯社交用户受益于更广泛的本地服务，使商家受益于更好的客户关
系管理和更精准的消费者广告服务。

2014 年 8 月，腾讯与万达、百度宣布共同出资在香港注册成立万达
电子商务公司。万达电商计划一期投资 50 亿元，万达持有 70% 股权，百
度、腾讯各持有 15% 股权。万达、百度、腾讯将在打通账号与会员体系、
打造支付与互联网金融产品、建立通用积分联盟、大数据融合、WiFi 共
享、产品整合、流量引入等方面进行深度合作。

我国广电集团资本运作研究
Research on the Capital Operation of Broadcasting
and Television Group in China

（二）优酷与土豆合并案例

优酷和土豆合并是近年来我国视听新媒体行业最重要的并购事件之一。优酷网是我国一家视频分享网站，于 2006 年 6 月成立，2010 年 12 月在美国纽约证券交易所正式挂牌上市。土豆是中国最早和最具影响力的网络视频平台，其前身土豆网于 2005 年 4 月 15 日正式上线，是全球最早上线的视频网站之一。2012 年 3 月 12 日，优酷股份有限公司和土豆股份有限公司共同宣布双方于 3 月 11 日签订最终协议，优酷和土豆将以 100%换股的方式合并。新公司命名为 "优酷土豆股份有限公司"。两家公司合并后，原优酷的股东拥有新公司 71.5%的股份，原土豆的股东拥有新公司 28.5%股份。

（1）并购背景。当前，我国视听新媒体行业发展趋势之一是企业之间开展战略联盟与合作。这种战略联盟与合作涉及股权投资、联合研究开发、联合生产、联合营销、长期采购协议等多方面内容。优酷与土豆的合并是多方面内容的合作，是企业之间战略联盟与合作的最高形式。除此之外，当前我国视听新媒体企业战略联盟与合作的形式还有：横向的版权购买和价格联盟，产业价值链上下游企业的平台＋内容＋终端＋应用的纵向产业联盟，视听新媒体企业与电信企业、电商企业的跨行业联盟与合作。例如，在横向的版权购买和价格联盟方面，2012 年 4 月搜狐视频、腾讯视频、爱奇艺三个视频网站共同组建 "视频内容合作组织"，合作方式包括联播和联合买剧。例如，在纵向战略联盟与合作方面，中国网络电视台旗下子公司未来电视有限公司与北京易视腾科技公司进行战略合作，进军下游的互联网电视机顶盒终端市场，推出联合品牌终端产品 "中国互联网电视——易视宝"；中国网络电视台与乐视网、PPTV 等位居产业链上游的内容供应商结为战略合作伙伴，互补内容资源，共同打造国内互联网电视内容品牌。例如，在跨行业联盟与合作方面，乐视网的云视频开放平台依托超强视频传输能力和团队视频实施经验，与京东商城、淘宝、苏宁易购、好乐买、每克拉美等电商平台以及其他行业网站开展跨行业合作，力推全新的视频化网络购物方式。

（2）并购动因。无论在用户规模、内容资源方面，还是品牌营销方面，优酷和土豆都是我国视听新媒体行业的领军企业，二者合并整合可以发挥出巨大的协同效应。在成本方面，巨额版权费用是国内视频网站主要成本之一，合并之后，优酷和土豆两家资源互补，分享各自的独家视频，可以减少内容成本支出。在营收和管理费用等方面，合并之后，优酷和土豆具有明显的协同效应，可以互相弥补资源上的"短板"。在广告定价方面，作为具有领军地位的国内视频网站，合并之后，优酷和土豆协同调整各自广告价格，可以获取更多的广告盈利。在用户访问量方面，合并之后，优酷网和土豆网独立经营，可以创造更多的流量、点击率，巩固各自在视频网站中的领军地位。

（3）并购方式。由于目前视频网站经营压力大，以现金方式收购股权并不划算，因此，优酷和土豆的并购采用了 100%换股的方式。

按照国家现行有关规定，广电集团不能上市融资。在广电传媒领域，一些国有企业（主要是各地广电集团或电台电视台下属的国有广电传媒企业）开展了上市融资。根据国家新闻出版广电总局发展研究中心统计，截至 2012 年底，在 A 股市场上的广电传媒企业共计 16 家，其中，国有广电传媒企业有 11 家[1]。按上市时间顺序排序（借壳上市的按广电股东实际入主时间），这些国有广电传媒企业分别是东方明珠、中视传媒、电广传媒、歌华有线、广电网络、天威视讯、百视通、华录百纳、吉视传媒、湖北广电和华数传媒。本书以这 11 家上市国有广电传媒企业作为样本，分析我国国有广电传媒企业的上市历程、特点和作用。

一、上市国有广电传媒企业的基本情况

根据上市公司公开资料和相关研究成果，笔者收集整理了这 11 家上市国有广电企业在主营业务、上市概况、经营现状、控股股东或实际控

---

[1] 国家新闻出版广电总局发展研究中心：《中国广播电影电视发展报告（2013）》，社会科学文献出版社，2013 年版。

我国广电集团资本运作研究
Research on the Capital Operation of Broadcasting
and Television Group in China

制人等方面的资料，大致梳理出上市国有广电传媒企业的基本情况。

（一）上市国有广电传媒企业的主营业务、上市概况和经营现状

东方明珠、中视传媒、电广传媒、歌华有线、广电网络、天威视讯、百视通、华录百纳、吉视传媒、湖北广电和华数传媒 11 家企业的主营业务、上市概况和经营现状如表 4-1 所示。

表 4-1　上市国有广电传媒基本情况

简称	主营业务	上市发行量（万股）	发行市值（亿元）	上市简介	净利润（亿元）	营业收入（亿元）	控股股东和实际控制人
东方明珠	广电、广告、影视设备、旅游、房地产	200	1.02	上海东方明珠（集团）股份有限公司于 1992 年 3 月 30 日经上海市经济体制改革办公室批准设立，发起人为上海广播电影电视发展有限公司、上海电视台、上海人民广播电台及《每周广播电视》报。公司所发行的 A 股于 1994 年 2 月 24 日在上海证券交易所上市交易	6.84	36.3	上海广播电影电视发展有限公司(45.19%)；上海文化广播影视集团有限公司（持有上海广播电影电视发展有限公司 100.00%）
中视传媒	广电、影视、广告、演艺、旅游	5000	3.96	中视传媒股份有限公司前身为无锡中视影视基地股份有限公司。经江苏省人民政府"苏政复（1997）44 号"及中国证监会批准，无锡太湖影视城、北京荧屏汽车租赁公司、北京中电高科技电视发展公司、北京未来广告公司、中国国际电视总公司五家法人共同发起成立，于 1997 年 5 月 22 日在上海证交所上网募集发行。2001 年 8 月，公司更名为"中视传媒股份有限公司"	0.68	12.4	中央电视台无锡太湖影城（54.37%）；中央电视台（持有中央电视台无锡太湖影视城 100.00%）
电广传媒	广电、影视、广告、有线运营、房地产	5000	4.59	湖南电广传媒股份有限公司是湖南广播电视发展中心作为主发起人，联合湖南星光实业发展公司、湖南省金帆经济发展公司、湖南省金环进出口总公司、湖南金海林建设装饰有限公司共同发起，经中国证监会证监发字（1998）321 号和证监发字（1998）322 号文批准，通过募集方式设立	4.84	51.0	湖南广播电视产业中心（17.13%）；湖南广播电视台（持有湖南广播电视产业中心 100.00%）

简称	主营业务	上市发行量（万股）	发行市值（亿元）	上市简介	净利润（亿元）	营业收入（亿元）	控股股东和实际控制人
歌华有线	有线运营、广告	8000	12.4	北京歌华有线电视网络股份有限公司由北京歌华文化发展集团作为主要发起人，联合北京青年报业总公司、北京有线全天电视购物有限责任公司、北京广播发展总公司、北京出版社共同发起设立。经中国证监会批准，于2001年1月4日公开发行，2001年2月8日社会公众股上市交易	3.76	22.5	北京北广传媒投资发展中心（44.98%）；北京市市政府（持有北京北广传媒集团有限公司100.00%）
广电网络	有线运营、广电	—	—	陕西广电网络传媒（集团）股份有限公司前身是黄河机电股份有限公司。2001年，陕西广电对黄河机电股份有限公司进行了大规模资产重组，置出了家电制造类资产，置入了广电传媒类资产。2002年8月28日，公司2001年重组的股权转让手续完成，陕西省广播电视信息网络有限责任公司成为第一大股东。原公司更名为"陕西广电网络传媒（集团）股份有限公司"	1.37	20.3	陕西省广播电视信息网络有限责任公司（36.07%）；陕西省广播电影电视局（持有陕西广电网络产业集团有限公司100.00%）
天威视讯	广电、有线运营、影视	6700	4.68	经深圳广电局批准，深圳有线电视台作为主发起人，联合通信投资、工行信托、深大电话、通信工业及中金实业共同发起设立深圳市天威视讯股份有限公司，于1995年7月18日在深圳市工商行政管理局登记注册。1997年3月3日，经公司临时股东大会审议通过，向有线电视台、通信投资、深业电讯、深大电话及中金联合定向发行14000万股，并于1997年12月11日完成工商变更登记，注册资本增加至20000万元。2003年3月11日，深圳市人民政府出具设立公司的确认函	1.43	9.29	深圳广播电影电视集团（59.37%）；深圳广播电影电视集团（持有深圳市天威视讯股份有限公司59.37%）

我国广电集团资本运作研究
Research on the Capital Operation of Broadcasting
and Television Group in China

续表

简称	主营业务	上市发行量（万股）	发行市值（亿元）	上市简介	净利润（亿元）	营业收入（亿元）	控股股东和实际控制人
百视通	网络、网络视频、新媒体	—	—	公司原名上海广电信息产业股份有限公司，采用社会募集方式设立，公司股票于1993年3月16日在上海证券交易所上市交易。2011年12月29日，公司更名为百视通新媒体股份有限公司	6.77	26.4	上海东方传媒集团有限公司（41.92%）；上海市国资委（持有上海广播电视台100.00%）
华录百纳	影视	1500	6.75	北京华录百纳影视有限公司以截至2010年4月30日经审计净资产折股整体变更设立北京华录百纳影视股份有限公司。目前，华录百纳挂靠在央企华录集团名下，不过公司经营由持有公司15%股份的自然人刘德宏等负责	1.23	3.77	华录文化产业有限公司（30.00%）；中国华录集团有限公司（持有华录文化产业有限公司93.75%）
吉视传媒	广电、有线运营	28000	19.6	经吉林省委宣传部和吉林省财政厅批准，吉林广电网络集团依法整体变更为吉视传媒股份有限公司，发起人是吉林电视台等34家股东。吉林广电网络集团以经中准会计师审计的截至2009年11月30日的母公司净资产1136088727.59元，按照1∶0.98的比例折股后整体变更设立	4.02	19.2	吉林电视台（39.96%）；吉林电视台（持有吉视传媒股份有限公司39.96%）
湖北广电	广电、有线运营	—	—	公司股票原名"武汉塑料"。2012年11月29日，公司在武汉市工商行政管理局办理工商变更登记，变更后名称为"湖北省广播电视信息网络股份有限公司"	1.84	11.5	湖北省楚天数字电视有限公司（20.19%）；湖北广播电视台（持有楚天数字电视有限公司38.48%）
华数传媒	广电、影视、新媒体	—	—	公司原名浙江嘉瑞联合新材料集团股份有限公司。2012年9月，原公司发行股份购入华数传媒网络有限公司100%股权，公司主营业务变更为"杭州地区有线电视网络及全国范围内新媒体业务"。2012年9月，公司名称变更为"华数传媒控股股份有限公司"	2.54	18.0	华数数字电视传媒集团有限公司（52.31%）；杭州市财政局（持有杭州文化广播电视集团100.00%）

注：①本表按企业上市时间（借壳上市的按广电股东实际入主时间）来排序；②主营业务是企业现阶段主营业务，资料主要来自于崔保国主编：《2013年中国传媒发展报告》，社会科学文献出版社，2013年版；③广电网络、百视通、湖北广电、华数传媒等四家企业系借壳上市，原公司上市发行股数和发行总市值对本书无意义，不再一一列出；④净利润、营业收入为截至2013年12月31日的财务公告数据；⑤以上数据，在四舍五入基础上保留小数点后两位。

资料来源：笔者根据相关公开资料整理而成。

（二）上市国有广电企业控股股东或实际控制人

11 家上市国有广电传媒企业相应的控股股东或实际控制人如表 4-1 所示。根据可获得的公开资料，东方明珠、百视通、电广传媒、歌华有线、广电网络、天威视讯、华数传媒 7 家上市国有广电企业控股股东或实际控制人基本情况如下：

（1）上海电台电视台、上海文化广播影视集团有限公司。上海电台电视台、上海文化广播影视集团有限公司是东方明珠和百视通的实际控制人。上海广播电视台、上海文化广播影视集团有限公司（统称"SMG"）由原上海文化广播影视集团和上海广播电视台、上海东方传媒集团有限公司于 2014 年 3 月全面整合而成。截至 2013 年底，SMG 资产总额为 445 亿元，营业收入为 210 亿元，是我国最大的省级广电媒体及综合文化产业集团。SMG 业务涵盖新闻宣传、媒体运营、网络传输、现场演艺、文化旅游，以及电视购物、版权销售、文化投资等文化传媒产业的多个领域。目前，旗下拥有 11 个广播频率、15 个电视频道、15 个数字电视付费频道、9 种报纸杂志，其中东方卫视现已全面覆盖中国地级以上城市，并在中国澳门、中国香港、美国和加拿大等海外地区落地，全球覆盖人群超过 10 亿，是中国规模最大，最具影响力的卫星电视机构之一；拥有的百视通、东方明珠两家上市公司，合计最高市值达到 937.2 亿元；旗下电视购物业务在全国排名第一；拥有一批全国知名文艺院团、演艺场馆与东方明珠广播电视塔、上海国际会议中心、上海东方绿舟等城市文化地标。SMG 的战略定位是，在新一轮的发展中，通过持续引领中国广电及传媒业改革，提升国际文化传媒市场品牌影响力，努力打造中国最具创新活力和国际影响力的广电传媒及综合文化产业集团。

（2）湖南广播电视台（原湖南广播影视集团）。湖南广播影视集团是电广传媒的实际控制人，是一家跨媒体、跨行业经营的大型传媒集团，下辖 10 个电视频道（其中两个上星频道），1 个电影子集团，5 个广播频率，3 家公开发行的报刊，1 家综合性新闻网站；旗下拥有十几家全资或

我国广电集团资本运作研究
Research on the Capital Operation of Broadcasting
and Television Group in China

控股公司，电广传媒是旗下唯一一家上市公司。2010 年 4 月 24 日，湖南广播影视集团正式发布公告，注销湖南广播影视集团，所有资产划归湖南广播电视台管理。湖南广播电视台是湖南省传媒事业单位，目前统一管理旗下湖南电视台、湖南经济电视台、湖南人民广播电台等省级媒体资源，旗下可经营性事务剥离组建子公司——芒果国际传媒（集团）有限公司；湖南广播电视台控股湖南电广传媒股份有限公司和潇湘电影集团有限公司。湖南广播电视台的发展战略定位是，立足于内容创新、市场拓展等优势，通过积极推进"内容变产品，主体变实体"的新一轮变革，力争在未来 5~10 年内打造出一个跨媒体、跨行业、跨地域、跨国界的超强传媒集团。

（3）北京广播电视台（原北京北广传媒集团）。原北京北广传媒集团是北京歌华有线电视网络股份有限公司的实际控制人。2010 年 5 月 31日，北京北广传媒集团、北京人民广播电台、北京电视台整合组建成立北京广播电视台。整合后，北京广播电视台业务范围涵盖广播电视的采编、制作、播放、传输以及新媒体开发等全部领域，形成较为完整的产业链。目前，北京广播电视台旗下的北京人民广播电台有 9 个开路广播频率，数字广播 7 套、数据广播 1 套；北京电视台有 15 个播出频道，播出 12 套内容，其中北京卫视、卡酷少儿频道覆盖全国；北广传媒数字电视公司拥有自办数字付费电视频道 11 套；鼎视传媒数字电视节目平台集成传输标清频道 41 套、高清频道 7 套；歌华有线电视网络覆盖全市 16个区县，传输节目百余套。整合后，北京广播电视台的发展思路是：积极推进改革创新步伐，整合频率、频道资源，统一规划投入、产业运营、节目交流和广告经营，努力发挥整体优势和竞争合力；积极应用新技术、发展新媒体、抢占新阵地，不断拓展发展空间，抢占信息传播的制高点；积极应对三网融合、台网融合的新挑战，努力打通产业链，实现广播电视和新媒体的融合发展，打造具有重要影响力的大型文化传媒，推动实现首都广电事业和产业跨越式发展。

（4）陕西广电网络产业集团有限责任公司。陕西广电网络产业集团有限责任公司成立于 2011 年 8 月，是陕西广电网络传媒（集团）股份有限公司（即广电网络）的实际控制人。在陕西广电网络产业集团有限责任公司成立之前，原陕西人民广播电台、陕西电视台于 2011 年 8 月 5 日合并重组成立陕西广播电视台。陕西广播电视台和陕西广电网络产业集团有限责任公司分别成立之后，陕西广电网络产业集团对原陕西省电台、陕西省电视台、陕西省网络股份公司、传媒公司，以及陕西省广电局所属企业进行了整合。目前，陕西省广电局持有陕西广电网络产业集团有限责任公司 100% 的股权。陕西广电网络产业集团的发展定位是成为陕西广播电视台"台属、台控、台管"的大型企业实体，成为一个依托传媒、具有特殊意识形态属性的产业集团，担负起重要的政治社会责任、创造经济财富的使命、服务满足消费者精神文化生活需求的重要职能；将大力发展具有规模强大、资源富集、功能多样、经营多元等特征的广电产业。目前，陕西广播电视台与陕西广电网络产业集团有限责任公司同为陕西省广电局下属机构，它集广播、电视、报纸、杂志、网络、新媒体等多种业务为一体，拥有 10 套广播节目，10 套电视节目和 48 座传输发射台。

（5）深圳广播电影电视集团。深圳广播电影电视集团是天威视讯的实际控制人。深圳广播电影电视集团成立于 2004 年 6 月 28 日，拥有 11 个电视频道（包括 1 个卫星电视频道、1 个移动电视频道、1 个 DV 付费频道、1 个购物频道、7 个地面电视频道）、4 套广播频率和电影制片厂、电视剧制作公司、广播电视传输中心、有线电视传输网络、移动电视、DV生活频道、手机电视、宽带接入、新媒体网站等多种业态，拥有广告总公司、天威视讯股份有限公司、天宝广播电视网络有限公司、天隆广播电视网络有限公司、文化产业（国际）会展有限公司、移动视讯有限公司、电影制片厂等 20 多家产业经营企业，总资产超过 70 亿元。

（6）华数数字电视传媒集团有限公司。华数数字电视传媒集团（以下简称华数集团）是华数传媒控股股份有限公司（华数传媒）的控股股东。华数集团由杭州文化广播电视集团、浙江广播电视集团等投资设立，是

我国广电集团资本运作研究
Research on the Capital Operation of Broadcasting
and Television Group in China

浙江有线数字电视发展的省级平台及主体，也是一家全国性的广电新传媒、新网络运营企业。目前，华数集团位居我国新媒体产业发展的第一阵营：构建了全国最大的数字化内容库，拥有上百万小时的数字媒体内容资源，拥有互动电视、手机电视、互联网电视等全牌照资源，新媒体服务深入电信、移动、联通三大通信运营商，覆盖全国 28 个省百余个城市的广电网络，以及全国数千万台互联网电视终端；构建了"视频、商务、游戏、阅读、音乐、信息、支付、通信、原创"九大业务基地。华数集团不仅拥有浙江全省 1500 万有线电视用户，还重组控股中广有线，覆盖江苏、安徽、山东、黑龙江、河北等省 18 个城市 500 万用户，成为拥有 2000 万用户的全国最大的有线网络。华数集团旗下的华数传媒是国内资本市场上第一家兼具新媒体业务运营和有线电视网络的公司，是目前全国广电行业唯一入选沪深 300 指数的上市公司。华数集团的发展思路是：坚持"体制创新与产业创新相结合"、"文化与科技相结合"、"产业与资本相结合"，紧抓我国文化产业大发展的历史性机遇，以"新媒体和新网络"为主业，通过体制创新的方式发展支撑产业，以主业为先导，以产业为支撑，构建"新媒体、新网络、文化科技支撑"三大产业板块，打造全国一流的新媒体、全国最大的广电网络、完善的文化科技支撑体系，成为可持续发展的、全国大型文化科技产业集团。

二、国有广电传媒企业上市的历程

根据国家政策变化特别是广电政策变化来划分，自从 1994 年第一家国有广电企业——东方明珠上市以来，我国国有广电企业上市先后经历了探索期、滞缓期、加速期三个阶段。1994~2001 年，虽然国家允许 5 家广电系统国有企业上市，但是严格控制上市数量和上市业务，总体上处于探索阶段；2002~2008 年，受体制制约，国家放缓广电系统国有企业上市步伐，批准 1 家企业上市，总体上处于滞缓阶段；2008 年以后，文化体制改革取得了重大突破，国家相对放宽广电系统国有企业上市的限制，允许 5 家广电系统国有企业上市，总体上处于加速阶段。具体如表 4-2 所示。

表 4-2　国有广电企业上市历程

时期	广电政策特点	广电产业发展特点	上市企业	阶段特征
探索期 1994~2001 年	企业上市实行配额制，有严格的指标限制（只有部分实力较强的国有广电企业能取得上市指标）	广播电视广告收入迅速增长；有线电视在国内推广普及；广电产业发展为企业上市积聚力量	东方明珠（1994）中视传媒（1997）电广传媒（1998）歌华有线（2001）广电网络（2001）	上市企业全部是国有大型企业；多数企业在上市时以有线电视传输作为主营业务，少数企业以旅游观光等为主营业务
滞缓期 2002~2008 年	文化体制改革开始全国试点；中国证券市场进行股权分置改革	广电行业探索集团化发展；广电局、集团、台、网的关系打破原有模式，运营遇到较大阻力；电视广告和有线电视增速放缓	天威视讯（2008）	改制问题制约国有广电企业上市。企业上市时以有线电视传输作为主营业务
加速期 2009 年至今	文化体制改革进入全面推进阶段；国家确立社会主义文化大发展、大繁荣的战略，出台多项鼓励文化产业发展的政策；国家推出"四万亿"刺激经济计划，证券市场发行环境相对宽松；国家支持文化企业上市，加快审批步伐	广播电视广告、有线电视收入趋于稳定；内容生产制作日益社会化；全国有线网络整合基本完成；增值业务快速发展；三网融合趋势日益明显，视听新媒体产业蓬勃发展	百视通（2011）华录百纳（2012）吉视传媒（2012）湖北广电（2012）华数传媒（2012）	国有广电企业借壳上市；广电企业上市激增，国有广电企业集中在 2012 年上市。企业上市时以新媒体、广电网络、影视等作为主营业务

注：除 IPO 上市时间外，借壳上市企业按广电股东实际入主时间来确定。

资料来源：笔者根据有关资料整理而成。参见国家新闻出版广电总局发展研究中心：《中国广播电影电视发展报告（2013）》，社会科学文献出版社，2013 年版中国 16 家广电企业的上市历程和特点。

我国广电集团资本运作研究
Research on the Capital Operation of Broadcasting
and Television Group in China

三、国有广电传媒企业上市的特点

根据上市国有广电传媒企业基本情况和上市历程，笔者总结出我国国有广电传媒企业上市具有以下几个特点。

（1）上市方式分为首发上市和借壳上市。在 11 家上市国有广电企业中，东方明珠、中视传媒、电广传媒、歌华有线、天威视讯、华录百纳、吉视传媒等 7 家企业属于首发上市（IPO），即企业通过首次发行一定数量社会公众股的方式直接在证券市场上市。广电网络、百视通、湖北广电、华数传媒 4 家企业属于借壳上市，即企业通过买入一个上市公司（壳公司）控股股权把自己资产与业务注入壳公司从而取得上市资格。

（2）上市影响因素具有多重性。从上市历程可以看出，国有广电企业上市不仅跟文化体制改革、国家政策（宏观经济政策和广电行业政策）等密切相关，还跟证券市场环境、广电产业发展等有关，使国有广电企业上市影响因素具有多重性。在这些影响因素中，文化体制改革和广电行业政策是主要的影响因素，广电产业发展、宏观经济政策和证券市场环境是相对次要的影响因素。

（3）上市企业兼具行业代表性和区域代表性。这 11 家上市国有广电企业在行业中都具有较好的市场竞争能力，具备行业代表性。同时，人们可以发现，在 11 家上市国有广电企业中，大多数控股股东或实际控制人属于地方广电系统。除了中视传媒和华录百纳以外，东方明珠、百视通、电广传媒、歌华有线、广电网络、天威视讯、吉视传媒、湖北广电、华数传媒 9 家上市国有广电企业的控股股东或实际控制人分别为上海、湖南、北京、陕西、深圳、吉林、湖北、浙江等省市广电集团（电台电视台）或广电系统下属公司。这些控股股东或实际控制人分属我国东部、中部和西部，而不仅仅只是上海、浙江、湖南等在全国具有领先地位的省市电台电视台或广电系统下属公司。这体现出国家在上市指标分配过程中注意统筹兼顾不同区域，从而使上市国有广电企业具备一定的区域代表性。

（4）广电产业核心业务逐渐进入上市企业主营业务范畴。在这些上市国有广电企业中，大多数是广电系统内有关经营性资产剥离转制而来的企业，主营业务多数与广电业务有关。从上市时的主营业务来看，1998年以前，国有广电企业（如东方明珠、中视传媒）上市时的主营业务并不涉及广电核心产业，而是影视外延产业——观光旅游；1998年以后，国有广电企业上市时的主营业务开始涉及有线电视传输、影视制作、电视广告、新媒体等广电产业核心业务。从上市后的主营业务调整看，随着广电产业发展和竞争加剧，上市国有广电企业陆续将盈利前景较好的广电核心业务纳入主营业务范畴，使上市后国有广电企业的主营业务既涉及广电产业核心业务又涉及非核心业务。目前，11家上市国有广电企业的主营业务包括有线电视传输、影视节目制作、电视广告、新媒体、旅游和房地产等。其中，以有线电视传输为主营业务或涉及的有8家；以影视剧节目作为主营业务或涉及的有3家；以电视广告代理为主营业务的有2家；以新媒体为主营业务或涉及的有2家[1]。广电核心业务与非核心业务进入上市国有广电企业的情况如表4-3所示。

表4-3　广电核心业务与非核心业务进入上市国有广电企业情况

	划分类别	数量	企业名称
核心业务	主营或涉及有线电视传输业务的企业	8	东方明珠（涉及）、电广传媒、歌华有线、广电网络、天威视讯、吉视传媒、湖北广电、华数传媒
	主营或涉及影视剧节目业务的企业	3	电广传媒（涉及）、广电网络（涉及）、华录百纳
	主营电视广告代理业务的企业	2	东方明珠、中视传媒
	主营或涉及新媒体业务的企业	2	东方明珠（涉及）、百视通

---

[1] 国家新闻出版广电总局发展研究中心：《中国广播电影电视发展报告（2013）》，社会科学文献出版社，2013年版。

我国广电集团资本运作研究
Research on the Capital Operation of Broadcasting
and Television Group in China

	划分类别	数量	企业名称
非核心业务	主营或涉及旅游业务的企业	3	东方明珠、中视传媒、电广传媒（涉及）
	主营或涉及房地产业务的企业	2	东方明珠、电广传媒

资料来源：参见国家新闻出版广电总局发展研究中心：《中国广播电影电视发展报告（2013）》，社会科学文献出版社，2013年版。

四、国有广电传媒企业上市的作用

国有广电传媒企业上市的作用主要体现在广电产业和广电传媒企业两个层面。在广电传媒企业层面可分为有利于发展和不利于发展两个方面的作用。

（一）正面作用

（1）促进当地广电产业发展。多数省市广电系统推动国有广电企业上市的初衷是为了解决资金问题，希望通过上市使企业成为广电产业发展的龙头，从而带动本地广电产业乃至相关行业的发展。以湖南电广传媒为例，1998年12月，该公司以每股9.18元的价格发行了5000万A股；2000年10月，该公司又以每股30元的价格增发了5300万流通A股。除了这两次股权融资，该公司还进行了债权融资，前后共融资近50亿元。这不仅增强了电广传媒自身实力，也促进了湖南省全省有线电视网络的整合，为湖南广播电视迅速崛起形成"电视湘军"品牌创造了有利条件。

（2）促进企业发展。一是上市使国有广电企业的产权关系清晰。通过上市前的改制重组，理顺产权关系，解决历史遗留问题，使国有广电企业的股权关系清晰。特别是上市前促使地方政府根据政策规定，及时出具相关文件，明确企业合法产权关系，保证各股东的合法权益不受侵害，这使政企分开更加彻底。二是上市有助于国有广电企业建立起长期发展融资平台。通过首次募集资金或增发新股再次融资，使国有广电企业获得大量资金，用于扩大规模、创新节目与技术、升级换代产品等，形成企业持续发展能力。三是上市有助于完善企业制度和运营机制。与上市前相比，上市后的国有广电企业制度和运行机制发生了巨大变化，绝大多数企业面貌焕然一新。四是上市有助于提高国有广电企业知名度和信誉度。企业上市后成为公众公司，企业股票交易的信息通过交易平台、报纸、电视台等媒介不断向社会发布，扩大了企业知名度。企业上市后要及时、准确、全面地披露相关信息，受到严格的制度监管以及投资者媒体的极大关注，提高了企业运营透明度和企业信誉水平。五是上市有助于国有广电企业并购扩张。作为上市公司，国有广电企业可以用股票替代现金实施并购，减少企业并购对现金的压力，从而增强企业并购扩张的能力。

（二）负面作用

上市在促进企业发展的同时，也对企业发展带来一定的负面影响。主要包括：信息披露使财务状况公开，使国有广电企业经营状况暴露在投资者和竞争对手面前；公众投资者关注企业经营状况，使国有广电企业管理层承担更大的经营压力；上市前通过私募引入战略投资者或者财务投资者，上市后增发股票，都使企业的股权被稀释，广电机构对国有广电企业的控制权有所弱化；上市费用较高，牵扯企业许多精力，给国有广电企业经营带来一定风险。

五、国有广电传媒企业上市案例：天威视讯

（一）公司基本情况

深圳市天威视讯股份有限公司（以下简称天威视讯）是我国设立的

我国广电集团资本运作研究
Research on the Capital Operation of Broadcasting
and Television Group in China

第一家建设经营有线电视网络的股份制公司，负责深圳地区有线电视网络的建设、经营和维护，并提供有线电视收视服务、电视增值业务以及互联网接入服务等。截至 2014 年 8 月，天威视讯的第一大股东是深圳广播电影电视集团（持有 19020.7 万股，占总股本的 59.37%），第二大股东是中国电信股份有限公司（持有 3120 万股，占总股本的 9.74%）。截至 2013 年 12 月 31 日，天威视讯共拥有的有线数字电视用户终端数为 112.34 万个，交互电视用户终端数为 45.83 万个，付费频道用户终端数为 5.44 万个，有线宽频缴费用户数为 21.76 万户。2013 年，天威视讯实现营业收入 92603.84 万元，较上年增长 2.90%；实现营业利润 14558.65 万元，较上年增长 10.62%；实现利润总额 15601.83 万元，较上年增长 11.10%；实现归属于上市公司股东的净利润 14317.91 万元，较上年增长 12.13%。2013 年天威视讯利润总额和归属于上市公司股东的净利润同比增长的主要原因：一是高清互动电视和有线宽频等业务的增长带来营业收入增加；二是成本费用控制有效。

（二）上市历程

天威视讯公司系经深圳市广播电视局《关于市有线广播电视台组建深圳天威视讯股份有限公司的批复》（深广局字［1995］4 号）批准，由深圳有线电视台作为主发起人，联合通信投资、工行信托、深大电话、通讯工业及中金实业共同发起设立，于 1995 年 7 月 18 日在深圳市工商行政管理局登记注册，注册号为 1923596 4-X，注册资本为 6000 万元。1997 年 3 月 3 日，经天威视讯公司临时股东大会审议通过，天威视讯向有线电视台、通信投资、深业电讯、深大电话及中金联合定向发行 14000 万股，并于 1997 年 12 月 11 日完成工商变更登记，注册资本增加至 20000 万元。2003 年 3 月 11 日，深圳市人民政府出具了深府函［2003］3 号《关于对深圳市天威视讯股份有限公司设立的确认函》，对该公司的设立进行了确认。2008 年 5 月 26 日，天威视讯在深圳证券交易所正式挂牌上市。

（三）上市遇到的问题

据了解，天威视讯在上市过程中遇到了一些棘手的问题。一是经营性事业单位企业化转制中的职工身份置换问题。上市前，天威视讯还有一部分职工是事业编制。按上市的有关规定，这些事业编制的职工必须从事业编制转成企业编制。为解决职工身份置换问题，天威视讯花费了不少精力和资金。二是天威视讯与控股股东——深圳广播电影电视集团的交联交易问题。上市前，深圳广播电影电视集团与天威视讯在广告收入、电视传输费用等方面的交易不够规范，不符合上市要求，成为天威视讯上市的又一大障碍。三是土地资产处置问题。上市之前，天威视讯办公大楼的土地属于政府行政划拨土地，也不符合上市要求，必须在上市改制重组中加以解决。采取哪种土地资产处置方式？如何解决办理土地使用权等权证变更费用？这些问题也给天威视讯上市带来了一定阻力。

（四）上市作用

根据 2008 年上市以来的公司公告，可以看出上市后天威视讯在建立健全现代企业制度和加强企业内部管理方面取得明显成效，在融资投资、并购整合等资本运作方面取得一定进展，在披露重要信息、维护股东权益等方面履行了应尽的义务（见表4-4）。同时，也可以发现上市后天威视讯经营管理出现了一些问题：上市募集资金使用效率不高，截至 2012 年 12 月 31 日，募集资金合计使用金额仅占募集资金净额的 56.99%[①]；个别并购重组事项进展不顺利，对控股股东深圳广电集团下属的天宝公司、天隆公司的并购整合耗费时间较长，甚至出现涉嫌内幕交易的案件。

[①] 与此对比，吉视传媒于 2012 年 1 月 10 日首发上市，所募集资金在 2012 年度就实现全部投入，募集资金合计使用金额占募集资金净额比重达到 100%。

我国广电集团资本运作研究
Research on the Capital Operation of Broadcasting
and Television Group in China

表 4-4　上市以来天威视讯公告的重大事项

公告时间	事项	具体内容	目的或原因
2009年6月	股权投资	天威视讯以自有资金认购苗壮网络增发的130万股股份，每股认购价格为10元，认购价款总额为1300万元	苗壮网络是一家专注于数字电视软件开发的高科技民营企业，是当时中国规模最大的数字电视业务平台及应用软件提供商。天威视讯认购苗壮网络，系看好该公司在数字电视平台软件领域多年积累形成的产业定位、市场先入、运营管理和技术创新等优势，有利于双方充分利用各自资源，共同提升在有线数字电视行业内的竞争力
2009年7月	股权投资	天威视讯与深圳市震华高新电子有限公司达成共同出资成立深圳市天华国际传媒有限公司的协议，即双方共同以现金1000万元出资设立合资公司，其中天威视讯出资600万元，占合资公司60%的股权，震华高新出资400万元，占合资公司40%的股权	震华高新属国内较早进入付费电视节目领域的公司之一，与国家广电总局以及多家境外节目供应商都有长期的良好合作关系。双方合资成立天华国际传媒有限公司，旨在加速天威视讯在节目引进、加工、集成制作及分销等方面的成长，使其成为公司向外部市场拓展的重要方式，形成未来新的业务支柱及盈利增长来源
2009年9月	项目投资	天威视讯拟于9月底开始实施"天威高清互动电视家庭计划"。"天威高清互动电视家庭计划"以"传输数字化、网络双向化、内容高清化、应用多元化、运营市场化"为目标，通过向用户提供租赁高清机顶盒、订购业务补贴等政策，降低用户收看和使用高清互动电视的门槛，使网内高清互动用户可以收看到10套免费高清和2套付费高清电视节目，并为家庭提供互动点播、电子政务、电子商务、家庭金融、家庭娱乐、电视教育、医疗保健等多种增值服务	在拥有高清互动电视用户2万多户的基础上，进一步促进高清互动用户数的增长和数字电视增值业务的发展
2009年10月	制度建立	正式对外公布并开始实施《内幕信息及知情人管理制度》	
2010年1月	融资资金管理	天威视讯继续将闲置的4000万元募集资金暂时补充流动资金，使用期限为6个月	在保证募集资金项目建设的资金需求前提下，提高募集资金使用效率
2010年1月	制度建立	正式对外公布并开始实施《董事、监事和高级管理人员所持公司股份及其变动管理制度》	—
2010年1月	制度建立	正式对外公布并开始实施《信息披露管理制度》	—
2010年1月	制度建立	正式对外公布并开始实施《公司章程》	—

公告时间	事项	具体内容	目的或原因
2010 年 1 月	制度建立	正式对外公布并开始实施《募集资金使用管理办法》	—
2010 年 2 月	制度建立	正式对外公布并开始实施《监事会议事规则》	—
2010 年 3 月	制度建立	正式对外公布并开始实施《年报信息披露重大差错责任追究制度》	—
2010 年 3 月	项目投资	天威视讯拟与控股股东深圳广电集团签订《深圳市有线电视枢纽大厦建设项目合作协议书》，约定与深圳广电集团共同建设"深圳市有线电视枢纽大厦"	深圳市有线电视枢纽大厦建成后，天威视讯拥有该物业 8719.26 平方米，约占 25%
2010 年 3 月	融资资金管理	终止内容集成与运营建设项目，项目剩余募集资金将全部存放于募集资金专户	内容集成与运营项目总投入资金为 1939.01 万元，已建成内容采集、内容管理、存储管理、监控管理和双总线等子系统，构建起面向不同数字电视业务的交互内容集成和分发平台。项目建设已基本满足天威视讯业务发展需要
2010 年 3 月	信息披露	向股东、投资者以及公众公布天威视讯 2009 年募集资金使用情况	—
2010 年 5 月	制度建立	正式对外公布并开始实施《年报信息披露重大差错责任追究制度》	—
2010 年 10 月	制度建立	正式对外公布并开始实施《防范控股股东及其关联方资金占用制度》	—
2010 年 11 月	股权投资	与深圳市震华高新电子有限公司对天威视讯的控股子公司天华世纪传媒增资扩股，其中，天威视讯增资 4200 万元，震华高新增资 2800 万元。增资扩股完成后，天威视讯仍持有天华世纪传媒 60% 的股权，震华高新仍持有天华世纪传媒 40% 的股权	增资天华世纪传媒的主要目的是应对高清电视快速发展的新形势，巩固和发展天华世纪传媒作为高清节目内容供应商的先发优势，快速扩大天华世纪传媒经营规模，提升其竞争实力，为将来应对"三网融合"后的激烈竞争夯实基础
2011 年 2 月	项目投资	公布拟投资的深圳有线信息传输大厦建设用地竞拍结果，并支付成交价款	—
2011 年 3 月	项目投资	与深圳市同洲电子股份有限公司和中国移动通信集团广东有限公司深圳分公司签署"甩信"项目合作协议，三方将合作在深圳搭建"甩信"运营平台，打造、推广创新的三网融合"甩信"业务，合作期为 5 年	发挥有线电视网络传输和节目集成的优势参与甩信业务。通过广电网络与移动网络之间音视频、游戏、电子书等信息的传递与共享，为公司客户提供甩信的增值业务
2011 年 10 月	股权投资，并购整合	收购控股股东深圳广电集团所持有的深圳市天明广播电视网络有限公司 100% 股权，实施整体吸收合并	并购整合深圳地区的同业竞争者，提高现有资源使用率，获取规模效益；统一使用天威品牌进行经营，提升整体形象

我国广电集团资本运作研究
Research on the Capital Operation of Broadcasting
and Television Group in China

续表

公告时间	事项	具体内容	目的或原因
2011 年 12 月	信息披露	天威视讯的第二大股东由深大电话变更为中国电信。变更后，中国电信持公司股 3120 万股，占总股本的 9.74%	
2012 年 12 月	股权投资，注入资产	拟向特定对象深圳广电集团、宝安区国资委发行股份购买其持有的天宝公司 100%股权，拟向特定对象深圳广电集团、龙岗区国资委及坪山新区发财局发行股份购买其持有的天隆公司 100%股权	并购整合深圳地区的同业竞争者，扩大天威视讯在深圳宝安区、龙岗区的业务规模，有效稳固现有用户，提高每户 ARPU 值，拓展新的消费群体、创造新的消费需求
2013 年 3 月	信息披露	向股东、投资者以及公众公布截至 2012 年 12 月 31 日天威视讯募集资金使用情况：2008 年 5 月 12 日首次公开发行人民币普通股 A 股 6700 万股，募集资金净额为 445435642.18 元；截至 2012 年 12 月 31 日，募集资金合计使用 253854620.93 元	
2014 年 4 月	股权投资，注入资产	中国证监会批复同意天威视讯向深圳广播电影电视集团发行 38197653 股股份、向深圳市宝安区国有资产监督管理委员会发行 20088563 股股份、向深圳市龙岗区国有资产监督管理委员会发行 15892457 股股份、向深圳市坪山新区发展和财政局发行 718686 股股份购买相关资产	

资料来源：笔者根据腾讯财经网刊登的天威视讯股份有限公司个股公告和天威视讯股份有限公司官方网站公布的大事记整理而成。

广电传媒股权投资基金 第五章

20 世纪 80 年代以来，我国股权投资逐渐兴起，涌现出各种类型的股权投资基金。股权投资基金是以非公开方式向特定对象募集资金，由专门的基金管理机构管理股权基金资产，主要采取对企业进行股权或者其他类股权工具投资并提供管理及其他增值服务的企业[①]。股权投资基金一般包括创业投资基金、成长投资基金、控股收购基金、产业投资基金和其他股权基金。近几年来，随着文化体制改革的深入，我国陆续出现了数家由广电传媒企业参与发起或设立的产业投资基金和创业投资基金，例如，2009 年 4 月在国家发改委获得备案通过的华人文化产业投资基金[②]，2011 年 7 月成立的中国文化产业投资基金[③]，2014 年 12 月 8 日北京光线

[①] 中国股权投资基金协会：《中国股权投资基金手册》，首都经济贸易大学出版社，2012 年版。

[②] 华人文化产业投资基金是第一个在国家发改委获得备案通过的文化产业私募股权基金，基金规模为 50 亿元人民币，采用有限合伙制，重点为目标公司提供成长性资本、企业重组、管理层收购等市场化融资。基金主要发起方及出资方，包括文汇新民联合报业集团、上海东方传媒集团有限公司（SMG，原上海文广新闻传媒集团）控股的上海东方惠金文化产业投资有限公司、国家开发银行下属的国开金融有限责任公司、上海大众公用事业（集团）股份有限公司下属的上海大众集团资本股权投资有限公司、招商局中国基金下属的深圳天正投资有限公司、宽带资本等机构。

[③] 中国文化产业投资基金由财政部、中银国际控股有限公司、中国国际电视总公司和深圳国际文化产业博览交易会有限公司共同发起成立，目标总规模为 200 亿元，首期募集 60 亿元，其中财政部出资 5 亿元。中国文化产业投资基金项目投资封闭运行 10 年，前 5 年为投资期，后 5 年为退出期。中国文化产业投资基金主要以股权投资方式，投资新闻出版发行、广播电影电视、文化艺术、网络文化、文化休闲及其细分文化及相关行业等领域。

我国广电集团资本运作研究
Research on the Capital Operation of Broadcasting
and Television Group in China

传媒股份有限公司（股票代码 300251）发布公告拟出资设立的创业投资基金——华兴光线[1]，2014 年 12 月 17 日电广传媒（股票代码 000917）公告拟设立的互联网新媒体产业投资基金[2]。这些产业投资基金或创业投资以股权作为投资对象，而不同于以项目为投资对象的基金[3]。鉴于股权投资基金的发展前景以及广电传媒企业（特别是广电集团）将更多地通过股权投资基金来进行股权投资，本书专辟本章节以惠读者。

一、股权投资基金的类型、组织形式和设立运营

（一）股权投资基金的类型

股权投资基金可以按照投资目的、投资对象、投资策略、设立发起人等进行分类。以产业投资基金为例，按设立发起人和投资对象，可分为以下几种类型。

（1）按设立发起人来分类，产业投资基金可以分为三种类型，即政府背景型产业投资基金、机构背景型产业投资基金、产业背景型产业投资基金。①政府背景型产业投资基金。这类基金的主要出资人一般包括各

---

① 光线传媒于 2014 年 12 月 8 日发布公告称，拟与上海华晟创业投资管理中心（有限合伙）及其他投资者出资设立创投基金华兴光线，暂定规模为 10 亿元，其中，光线传媒出资 2 亿元，博彦科技出资 3000 万元，均为有限合伙人；公告还称华兴光线将重点投资互联网、高科技、新媒体产业、与文化传媒相关的产业、电商等大消费行业、医疗健康领域的有潜力的企业。

② 电广传媒 2014 年 12 月 17 日晚发布公告称，子公司深圳市达晨创业投资有限公司发起设立互联网新媒体产业投资基金，基金规模拟定 50 亿元，其中，达晨创投出资 8.982 亿元，占基金总规模的 17.96%；该基金将聚焦于互联网新媒体产业的股权并购机会，布局于网络视频、OTT TV、移动互联网、网络游戏、在线旅游、在线教育、在线广告、智慧医疗等领域。

③ 例如，跨国文化创意投资基金。2014 年 10 月 14 日，上海文化广播影视集团有限公司、华人文化产业投资基金、华纳兄弟娱乐公司、RatPac 娱乐和 WPP 宣布成立跨国文化创意投资基金。该基金将专注于电影、电视及现场演出三大文化娱乐领域的项目投资，并将这些优质项目推向国内外市场。

级财政资金、政策性银行、各大型国企、社保基金、保险资金等，基金规模相对较大，通过产业基金的建立带动相关的产业资本。②机构背景型产业投资基金。VC/PE 机构在设计产业投资基金时通常会综合考虑自身资源与潜在合作对象，这类基金主要的资源类型和募资渠道有：一是政府资源，这类机构通常与中央或者地方政府保持较好的关系，既可以寻求中央财政资金支持又容易得到地方政府委托及引导资金的注入，可以联合政府发掘当地的优势产业；二是产业资源，这类基金多为知名 VC/PE 机构与产业内知名企业的强强联合，基金的 LP 多具有良好的产业背景，也可为机构在项目储备、行业判断上提供较强的支持；三是专业资源，这类基金通常通过常规渠道进行募资，发起这类基金的机构或拥有较强整体实力，或在某领域拥有较强的专业人员储备和丰富投资经验。③产业背景型产业投资基金。这种类型的基金发起人通常为在某一领域的大型公司，这些公司作为市场的成功者多拥有较大产业规模，熟谙行业规律。这种类型的产业基金一般拥有深厚的产业基础、强大的募资能力、合格的投资管理团队。这一类产业基金不因风险偏好而设定被投公司的投资阶段，更多关注自身在产业链上的战略布局以及被投企业长期的成长性。由于这一类型基金是为企业服务的，其根本目的是为了企业的平台铺设与产业链的纵深拓展，而非简单的基金增值，因此这种基金在投资期限长短、投资阶段、投资收益率上有较大的随机性与容忍度。一般情况下，这一类型的基金会根据企业的规划制定出未来 5~10 年的中长期战略，再在此后的每一自然年度确定一年期的短期战略，在战略指导下确定当年的投资对象、投资规模、投资形式。

（2）按投资阶段和领域不同，我国的产业投资基金可分为创业投资基金、支柱产业投资基金、基础产业投资基金、企业重组基金，特殊概念基金。其分类、投资范围和特点如表 5-1 所示。

我国广电集团资本运作研究
Research on the Capital Operation of Broadcasting
and Television Group in China

表 5-1　中国产业投资基金的分类

分类	投资范围	特点
创业投资基金	新兴产业、高技术产业	高风险、高收益
支柱产业投资基金	支柱产业	风险、收益不确定
基础产业投资基金	基础产业（投资于能源、原材料、运输与邮电通信等基础设施领域的未上市企业）	低风险、低收益
企业重组基金	成长企业、问题企业、国有企业	一部分是政策性的，另一部分是高风险、高收益
特殊概念基金	支持特定产业（如文化产业）或寻找特定的投资机会	风险，收益不确定

（二）股权投资基金的组织形式

股权投资基金通常采取有限合伙制、公司制、信托制和契约制，其中，有限合伙制是最普遍的组织形式。现阶段，我国股权投资基金以合伙制和公司制为主要的组织形式。

（1）有限合伙制股权投资基金。有限合伙制基金由有限合伙人（LP）和普通合伙人（GP）组成，普通合伙人负责参与基金的日常管理，对基金的债务承担无限连带责任；有限合伙人不参与基金的管理，以其认缴的出资额为限对基金的债务承担责任。基金人数为 2 人以上 50 人以下，而且至少应当有一个普通合伙人。基金的有限合伙人和普通合伙人的权利义务关系在双方的合伙人协议中进行规定。普通合伙人作为基金的经营者由专业投资机构及个人担任，一般需要投入募集资本总额 1% 的自有资金，一般收取 1.5%~3% 的管理费用。有限合伙人是基金资本的主要提供者，不参与基金的日常运营管理及投资决策，对普通合伙人起监督作用。有限合伙制股权投资基金的组织架构如图 5-1 所示。

（2）公司制股权投资基金。这种基金按照《公司法》组建，投资者购买公司股份成为股东，由股东大会选出董事会与监事会，再由董事会委任某一投资管理公司或由自己直接来管理基金资产，基金管理人收取基金管理费与效益提成。公司制主要发起人通常为实体公司、商业银行、保险公司、基金管理公司等。股东以其出资额为限对公司承担有限责任，公司以其全部资产为限对公司债务承担责任。其架构如图 5-2 所示。

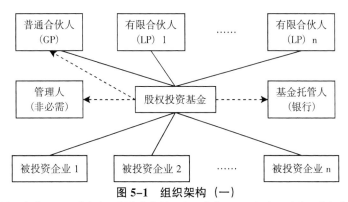

图 5-1 组织架构（一）

注：①普通合伙人可以采取公司制或合伙制；有限合伙人可以是个人或者机构投资者；管理人非必需，可由普通合伙人同时担任股权投资基金的基金管理人。②实线表示所有权关系；虚线表示合同关系，其中，股权投资基金与普通合伙人之间的虚线表示支付收益分成，股权投资基金与管理人之间的虚线表示基金管理协议（支付管理费），股权投资基金与基金托管人之间的虚线表示基金托管协议（支付托管费）。

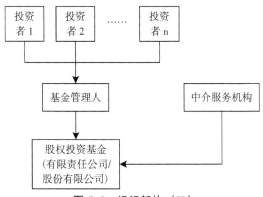

图 5-2 组织架构（二）

（3）有限合伙制与公司制股权投资基金的比较。有限合伙制与公司制股权投资基金的异同可以通过表 5-2 来说明。另外，由于我国收税政策的不同，这两种组织形式所负担的税收也不同，如表 5-3 所示。从表 5-3 可知，我国公司制股权投资基金对于个人投资者存在双重征税的缺点。

我国广电集团资本运作研究
Research on the Capital Operation of Broadcasting
and Television Group in China

表 5–2　有限合伙制与公司制股权投资基金的异同

	有限合伙制	公司制
设立的法律依据	《中华人民共和国合伙企业法》	《中华人民共和国公司法》
法人资格	无	有
发行凭证	基金单位	股份
管理架构	普通合伙人为管理人，有限合伙人不参与管理	股东大会、董事会、管理层等
运作依据	契约	公司章程
运营方式	依据契约有一定的存续期	具有永久性（如果不破产）
激励机制	由合同规定，1.5%~3%的管理费用+15%~25%的投资收益分成	由股东大会决定，一般为固定薪酬加资金
成本	设立成本较低，通过契约确定日常管理费用，成本较容易控制	设立成本较高，管理成本不能得到有效控制

资料来源：朱明忠、赵岗：《中国股权投资基金发展新论》，中国发展出版社，2012年版。

表 5–3　有限合伙制与公司制股权投资基金的税收比较

		基金层面		投资者层面		
	纳税项目	税率	税收政策	企业投资	自然人投资者	
公司制	管理费	5%		符合条件的投资所得可按投资额的70%抵扣应纳税所得额	免税	20%税率计算缴纳个人所得税。实际税率为40%。
	股权投资所得	0	投资企业所得税税率高于被投资企业所得税税率，则补缴该部分企业所得税			
	股权转让所得	25%	无			
	其他收入所得	25%	无			
合伙制	股权投资所得（股息性质）	0	无	缴纳企业所得税25%	**有限合伙人**：按出资比例，对于适用5%~35%的五级超额累进税率，征收个人所得税	**无限合伙人**：5%营业税；按出资比例，5%~35%的五级超额累进税率，征收个人所得税
	股权转让所得	0				
	其他收入所得	0				

资料来源：朱明忠、赵岗：《中国股权投资基金发展新论》，中国发展出版社，2012年版。

（三）股权投资市场参与者

股权投资市场参与者有股权投资市场监管机构、股权投资基金管理机构、资金提供方（投资者）、资金受让方（融资企业）、股权投资服务机构。股权投资市场参与者之间相互关系如图5-3所示。

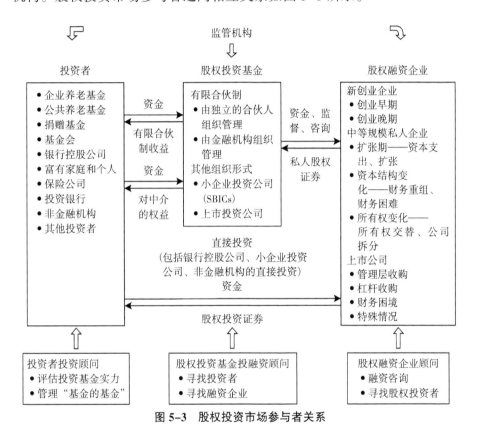

图5-3　股权投资市场参与者关系

我国广电集团资本运作研究
Research on the Capital Operation of Broadcasting
and Television Group in China

（1）股权投资市场监管机构。在我国，国家发改委对股权投资基金设立进行备案管理①，地方发改委协调各个政府部门对基金设立运行等加以指导；工商管理部门保证市场准入制度的有效实施；金融监管部门（中国人民银行、中国证监会、中国银监会、中国保监会、地方金融办等对股权投资基金运行进行程度不同的监管。截至 2014 年 12 月，国家发改委先后批准了 28 只由政府推动或出资的产业投资基金；全国共备案创业投资企业 1244 家，管理资产 3282 亿元。目前，我国有关股权投资基金和创业投资基金的最新政策文件是 2014 年 11 月 26 日国务院发布的《关于创新重点领域投融资机制鼓励社会投资的指导意见》，其提出："大力发展股权投资基金和创业投资基金，鼓励民间资本采取私募等方式发起设立主要投资于公共服务、生态环保、基础设施、区域开发、战略性新兴产业、先进制造业等领域的产业投资基金。政府可以使用包括中央预算内投资在内的财政性资金，通过认购基金份额等方式予以支持。"

（2）股权投资基金管理机构。股权投资基金管理机构负责基金日常经营和投资决策，是股权投资市场有效运行的核心机构。作为专业化的投资机构，股权投资基金管理机构一方面向投资者融资，另一方面寻找需要资金的企业进行投资。

（3）资金提供方（投资者）。股权投资基金资金来源非常广泛，涵盖了不同类型的投资者。目前，在我国股权投资市场上，机构投资者所占比重相对较低。随着金融市场发展和政策法规的完善，我国商业银行、保险机构等将通过各种渠道更多地进入股权投资市场，机构投资者在股权投资市场占的份额、投资额将不断扩大。

---

① 目前，我国还没有全国统一的规范的境内产业基金管理办法。2008 年以前，境内产业投资基金的设立均采取试点个案审批的做法，即需经国家发改委审核，报国务院批准后，方可组建；除了国家发改委批准的产业投资基金外，其他由中国机构参与发起的产业投资基金必须绕过现有体制和法规的束缚和障碍，多数采取在国内以创业投资公司的形式注册，或者在境外注册基金，境外募集，或者与境外机构合作等形式设立。2008 年以后，国家发改委对股权投资基金的管理由"审核制"改为"备案制"。2010 年以后，对于由国家发改委审批的大型产业投资基金试点工作，不再需要事先确定具体规模；国家发改委将根据国务院认可，只要在总体规划、区域性规划或者国务院有关政策性文件中明确要设立某基金的，就批准筹备。

（4）股权投资服务机构。股权投资服务机构可分为投资方服务的中介机构、为股权投资基金管理机构提供服务的中介机构和为融资方企业提供服务的中介机构，主要涉及投资银行、会计、法律、评估、咨询等领域。

（5）资金受让方（融资企业）。企业融资需求具有多样性。据国外研究成果，股权投资市场上的各种融资企业具有各自的特点，这些特点如表 5–4 所示。

表 5–4 各种融资企业的特点

	早期阶段创业企业	后期阶段创业企业	中等规模私人企业	财务困境中的公众或私人企业	公开并购企业	其他上市公司
企业规模	年收入在 0~1500 万美元	年收入在 1500 万~5000 万美元	有稳定现金流，年收入在 2500 万~5 亿美元	任何规模	任何规模	任何规模
财务状况	高增长潜力	高增长潜力	增长前景有很大差别	财务杠杆过高或存在经营问题	表现不佳、很高的自由现金流	由于各种原因寻求股权投资
股权融资动机	开始企业经营	●生产经营扩张 ●早期投资者套现退出	●所有权及资本结构调整 ●并购及购置新工厂	实现企业重整	实现管理或管理层激励制度的改变	●确保机密 ●小规模发行 ●融资便利 ●公开市场发行困难
主要融资来源	●天使投资 ●早期创业投资基金	●后期风险投资基金	●后期风险投资基金 ●发展资本	重组基金	●杠杆资本 ●夹层资本	非创业股权投资基金

注：上述企业年收入按 1995 年的美元价格计算。在 1995 年，1 美元约兑换 8 元人民币；在 2014 年 12 月，1 美元约兑换 6.1 元人民币。

（四）股权投资基金设立程序和设立方案要点

本部分以产业投资基金为例，进行说明分析。

（1）产业投资基金设立程序。产业投资基金要符合国家的政策导向，属于限制类或禁止类产业设立产业投资基金一般不能获得批准。产业投资基金一般由发起人或者基金管理公司牵头发起，首先，需要起草基金设立方案和申请成立的请示材料。产业投资基金设立方案主要包括基金组织形式的选择、基金规模、经营期限、基金募集对象、基金管理团队

我国广电集团资本运作研究
Research on the Capital Operation of Broadcasting
and Television Group in China

的选择、基金投资方向、基金运作模式、权力利益分配、基金退出方案等。产业基金设立的请示主要包括产业基金成立的意义、必要性、可行性以及基金设立简要方案等内容。其次，拿着基金设立方案去寻找合作投资者，谈判并签订协议，共同出资设立产业投资基金。如果规模比较小的产业投资基金到此时产业投资基金就成立了。如果规模比较大的产业投资基金（50亿元以上规模）需要报国家核准，核准后才能成立。产业投资基金设立程序大致如图5-4所示。

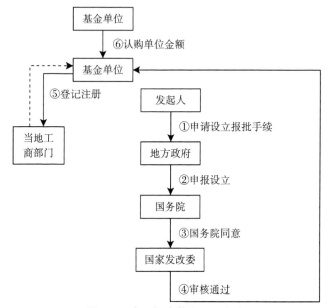

图5-4　产业投资基金设立程序

（2）产业投资基金设立方案要点。在我国，设立产业投资基金设立方案要点一般包括基金组织形式、基金注册地、基金投资方向、基金规模与存续期、基金到期后处理方式、发起人认购比例等内容。其中，在发起人认购比例方面，发起人需确定对基金希望保持的控制力，将基金预期收益率与其现有投资项目回报率进行比较，以及衡量自身的资金来源是否充分；在有限合伙制基金（属于契约型基金）中，由于发起人可通过控股基金管理公司来实现对基金运作的实际控制，因此其对基金的认购比例可以尽可能地低。

（五）股权投资基金运作流程

股权投资基金的价值创造是通过整个运作流程实现的，它分为融资、投资、管理、退出四个阶段。其中，投资、管理、退出等运作流程如图5-5所示。

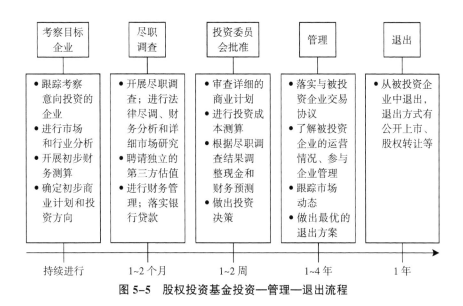

图5-5　股权投资基金投资—管理—退出流程

（1）融资。①融资流程。股权投资基金的融资可分为融资准备、基金营销、完成交易和后续管理四个阶段。其中，前期的准备和营销是难点。融资准备阶段包括了募集的大部分工作，主要是确定融资意向、选择律师和融资代理、组建基金募集团队、准备私募融资备忘录等材料、制定销售策略等。②募集方式。股权投资基金根据资金来源不同，可以分为利用自有资金进行直接投资和募集资金成立基金进行投资。募集资金的方式可以分为向社会不特定公众募集、以非公开发行方式向特定机构投资者或个人募集。股权投资基金的募集方式不同于普通基金，通常采用资金承诺方式，即"基金管理公司在设立时并不一定要求所有合伙人投

我国广电集团资本运作研究
Research on the Capital Operation of Broadcasting
and Television Group in China

资预定的资本额，而是要求给予投资承诺。当基金管理公司发现合适的投资机会时，将提前一定时间通知基金投资者。如果基金投资者未能及时投入资金，按照协议基金投资者将被处以一定的罚金"。在筹资实践中，股权投资基金有一定的筹集期限，股权投资基金可以雇佣代理机构进行筹资活动。

（2）投资。在成功募集到资金后，股权投资基金进入投资阶段。股权投资基金通过调研考察或从咨询公司、投资顾问、会计师事务所等渠道获得投资信息，通过尽职调查选出目标企业并确定投资规模与策略，最终与目标企业达成投资协议。在我国，股权投资基金选择的目标企业主要有三类：成长性企业、成熟的上市企业、财务困境企业，其中，成长性企业包括创业前期企业和创业后期企业（即 Pre-IPO 企业）。

（3）管理。股权投资基金对被投资企业的管理有三种模式：紧密参与型、适度参与型、放任自流型。在紧密参与型管理模式中，股权投资基金管理者一般担任被投企业董事，控制董事会和管理层，基金管理者大量参与被投企业的日常生产经营活动。放任自流型管理模式中，股权投资管理机构很少参与被投企业的经营管理，只要求被投企业定期披露财务报告及企业经营情况，这种模式适用于对成熟企业的短期投资。适度参与型模式中，股权投资基金的角色定位为支持者，不谋求取得被投企业的经营管理权，只为被投企业提供一部分业务提供专业服务，最终决策权仍然在被投企业经营者手中。

（4）退出。股权投资基金的退出方式包括首次公开发行、股权转让、股份回购、破产清算等。其中，公开发行是企业通过证券交易所首次公开向投资者增发股票以募集资金的过程，它是投资基金最青睐的退出方式，它的投资回报率是各种退出方式中最高的；股权转让可以通过私下协议转让，也可以股权交易平台公开挂牌转让，在我国，北京金融资产交易所于 2010 年 11 月开启了国内首个股权投资基金一级市场交易平台。现阶段，我国股权投资资本退出过度集中在首次公开发行（在欧美市场，并购重组是股权投资资本实现退出的最主要方式），导致股权投资退出渠道过于单一，影响了投资的循环流动和股权投资激励作用的发挥，使我国股权投资市场发展速度和规模均落后于成熟的欧美股权投资市场。

（六）有限合伙制股权投资基金的运作模式

在有限合伙制股权投资基金组织框架的基础上，图 5-6 大致地表述了有限合伙制股权投资基金的运作模式。

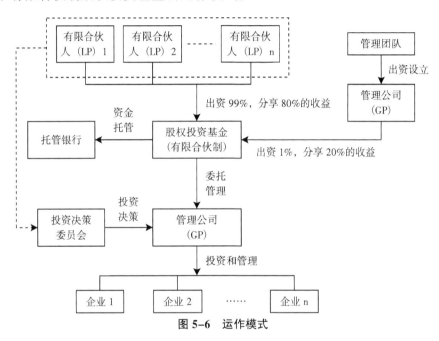

图 5-6　运作模式

二、我国广电传媒企业参与设立的股权投资基金发展现状

2003 年以来，在法律政策环境不断改善、创业板推出、流动性过剩和经济持续增长等多重因素推动下，我国股权投资基金快速发展。截至 2012 年底，我国股权投资基金已有 6290 家，累计管理资本总量超过 2 万

我国广电集团资本运作研究
Research on the Capital Operation of Broadcasting
and Television Group in China

亿元；近 5 年来，我国新设股权投资基金平均增速达到 17%以上，年均募资达到 4220 亿元①。根据 CVSource 投中数据终端统计，2014 年，我国国内共披露 305 只基金开始募集和成立，总目标规模为 659.74 亿美元；共披露 360 只基金募集完成，披露的募集完成的规模为 400.02 亿美元②。2014 年，我国创投市场（VC）披露的投资案例 1360 起，披露的总投资金额为 127.06 亿美元，其中，互联网行业投资案例 537 起，投资规模达 62.06 亿美元，分别占全行业的 40%和 49%；私募股权市场（PE）披露的投资案例 280 起，披露的投资金额为 340.58 亿美元，PE 投资分布在制造业、IT、能源及矿业、房地产等 21 个行业。目前，我国股权投资基金已经成为仅次于银行信贷和公开上市发行股票的第三大融资手段，为处于创业期、市场前景广阔的中小企业渡过资金"难关"发挥了十分重要的作用；股权投资基金通过市场化机制，将资金、人才、技术等要素向极具潜力的实体企业集聚，推动我国产业转型发展；股权投资基金给企业带来外部权衡机制，提高企业管理效率、降低信息成本核算，推动企业提供更为丰富、水平更高的激励约束机制，从而提高公司治理水平。在文化传媒领域，国家出台了《关于金融支持文化产业振兴和发展繁荣的指导意见》等政策性文件，积极引导设立文化产业投资基金，鼓励风险投资基金、私募股权投资基金投资文化企业。2014 年，我国创投市场（VC）披露的文化传媒投资案例 25 起，投资规模 2.25 亿美元，分别占全行业的 2%；私募股权市场（PE）披露的文化传媒案例投资 16 起，投资规模 4.97 亿美元，分别占全行业的 6%和 1.45%。面对股权投资基金蓬勃发展的形势，近几年来，我国一部分广电传媒企业也参与发起了股权投资基金。

---

① 安国俊、李飞：《国际私募股权投资基金的发展态势及我国的路径选择》，《金融前沿》，2011 年第 3 期。

② ChinaVenture：《2014 全年募资向好　VC 创历史新高 PE 市场稳中有升》，http：//pe.hexun.com/2015-01-06/172095361_2.html。

（一）我国广电传媒企业参与发起的股权投资基金设立运营的基本情况

根据公开资料，笔者收集整理了近几年来广电传媒企业参与发起的股权投资基金设立运营的基本情况，如表5-5所示。从这些公开的资料看，广电机构（广播电视台）没有直接成为基金发起人，而是通过下属企业（主要是下属上市公司）参与发起设立；参与发起设立股权投资基金的广电传媒企业分别隶属于上海、中央、安徽、北京、湖南等广电机构，其中，北京、湖南宣布设立股权投资基金的时间均在2014年12月，与中国资本市场转为牛市的时间吻合；广电传媒企业参与发起的股权投资基金的组织形式主要是有限合伙制；除了中国文化产业投资基金和上海文化产业股权投资基金这类具有明显政府背景的基金之外，其他股权投资基金规模均在50亿元以下（含50亿元）；基金投资方向都与文化传媒有关，新成立基金的投资重点方向均含互联网新媒体。

表5-5　近几年来我国广电传媒企业参与发起的部分股权投资基金设立运营基本情况

名称	发起人	类型	规模	投资方向	重大投资事项或投资目标
华人文化产业投资基金（2009年成立）	文汇新民联合报业集团、上海东方传媒集团有限公司控股的上海东方惠金文化产业投资有限公司、国开金融有限责任公司、上海大众集团资本股权投资有限公司、深圳天正投资有限公司等	有限合伙制	50亿元人民币	文化、传媒、娱乐等产业	①2010年8月，投资控股原属新闻集团的星空卫视普通话频道、星空国际频道、Channel［V］音乐频道、星空华语电影片库（Fortune Star）业务②2013年12月，华人文化产业股权投资（上海）中心投资财新传媒有限公司③2013年1月，华人文化产业股权投资（上海）中心投资星空传媒大中华，占股47%④2014年4月，华人文化投资管理有限公司旗下的华人文化产业股权投资中心和方源资本有限公司投资IMAX中国业务8000万元，占股20%⑤2014年7月，华人文化产业股权投资中心投资上海格瓦商务信息咨询有限公司2亿元

我国广电集团资本运作研究
Research on the Capital Operation of Broadcasting
and Television Group in China

续表

名称	发起人	类型	规模	投资方向	重大投资事项或投资目标
					⑥2014年7月，华人文化投资、IDG资本和银泰资本投资北京寺库商贸有限公司，涉及金额1亿美元 ⑦2014年8月，华人文化投资管理有限公司投资北京乐华圆娱文化传播有限公司3亿元
中科安广股权投资基金（2010年成立）	安徽广电传媒产业集团与中科招商创业投资管理有限公司共同发起创立	没有公布组织形式	总规模为50亿元，首期规模为10亿元	安徽广电传媒产业集团及省内其他文化产业优质项目	没有找到公开信息
中国文化产业投资基金（2011年成立）	财政部、中银国际控股有限公司、中国国际电视总公司和深圳国际文化产业博览交易会有限公司	没有公布组织形式	目标规模为200亿元，首期募集41亿元	新闻出版发行、广播电影电视、文化艺术、网络文化、文化休闲及其细分文化及相关行业	已投新华网股份有限公司、中国出版传媒股份有限公司、北京中投视讯文化传媒有限公司、上海骏梦网络科技有限公司、上海百事通信息技术有限公司、万方数据股份有限公司、欢瑞世纪影视传媒股份有限公司、北京开心麻花娱乐文化传媒有限公司、山东出版传媒股份有限公司、雅昌文化（集团）有限公司、北京灵思云途营销顾问有限公司、华视影视投资（北京）有限公司、丝路数码技术有限公司、北京四月星空网络技术有限公司、杭州玄机科技信息技术有限公司、大陆桥文化传媒有限公司等27家企业股权
上海文化产业股权投资基金（2013年成立）	上海东方传媒集团与海通证券联合主发起，共同发起人还有上海新华传媒股份有限公司、上海强生集团有限公司等，主要出资人还有上海张江文化控股有限公司、文汇新民联合报业集团、铧亚翔达股权投资基金等	有限合伙制	目标规模为100亿元，首期募集30亿元（分两期到位）	文化及相关产业，包括广播影视业、新闻出版业、网络文化产业、数字内容产业、动漫产业、旅游广告业、休闲娱乐业、创意设计产业、文化用品及设备产业等	目标是通过对文化及相关产业的股权投资，积极参与文化及相关领域企业的重组、改制、上市及并购，帮助企业整合资源，提升价值，并最终实现基金的价值

续表

名称	发起人	类型	规模	投资方向	重大投资事项或投资目标
华兴光线创业投资基金（2014年宣布拟设立）	光线传媒、上海华晟创业投资管理中心、博彦科技	有限合伙制	规模为10亿元，光线传媒出资2亿元，博彦科技出资3000万元	互联网、高科技、新媒体产业、与文化传媒相关的产业、电商等大消费行业、医疗健康	暂无
互联网新媒体产业投资基金（2014年宣布拟设立）	电广传媒子公司深圳达晨创业投资公司等	有限合伙制	规模为50亿元，达晨创投认缴出资8.982亿元	网络视频、OTT TV、移动互联网、网络游戏、在线旅游、在线教育、在线广告、智慧医疗等	暂无

资料来源：根据各基金官方网站等公开资料整理。

（二）我国广电传媒企业参与发起的股权投资基金设立运营存在的问题

这些问题可分为两个方面：一方面是我国股权投资基金运营普遍存在的问题；另一方面是我国广电传媒企业参与发起的股权投资基金运营特有的问题。

1. 我国股权投资基金设立运营普遍存在的问题

（1）外部环境存在的问题。一是国家相关激励政策不够完善。2007年起，国家陆续出台了多项促进股权投资发展的政策，总体上体现了对股权投资适度监管和对创业投资基金适度激励的特征，但对产业投资基金基本上没有扶持政策，而我国股权投资业82%的资金从事产业投资基金；从创业投资激励政策看，主要是通过所得税抵免等优惠政策扶持创业投资企业发展，并引导其增加对中小企业特别是中小高新企业的投资，但该政策仅限于符合条件的公司制创业投资基金，合伙制、信托制创业

我国广电集团资本运作研究
Research on the Capital Operation of Broadcasting
and Television Group in China

投资基金则不能享受①。综合看，与发达国家相比，我国对股权投资基金优惠政策范围过窄。二是国家对机构投资者股权投资监管较严。目前，国家尚未允许保险资金和社保资金进行创业投资，不允许住房公积金开放股权投资业务，不允许商业银行直接在境内开展非金融类机构股权投资业务。这些监管措施不仅使我国保险公司、社会保障基金等机构投资者的投资范围过窄，也使我国股权投资基金缺乏稳定的、规模的、长期的资金来源，不利于股权投资基金的稳定发展。截至2012年底，中国股权投资市场的LP中，机构投资者不足30%。三是股权投资市场不够规范。监管主体职责不清晰，相关法规制度建设滞后，有关规定分散在《公司法》、《合伙企业法》等多项法律法规及部门规章中，政出多门。缺少对股权投资者资格准入、投资基金验资等有效管理，股权投资市场秩序存在不少问题，例如，一些不法分子通过虚报投资回报率等骗取资金，注册高达数十亿元的空壳合伙制基金，等等。

（2）股权投资基金自身存在的问题。首先，股权投资基金运营的市场化程度有待提高。许多股权投资基金特别是产业投资基金与地方政府有着千丝万缕的联系，如何更好地处理与当地地方政府的关系是我国股权投资基金发展面临的一个重大挑战。其次，缺乏成熟高效的基金管理机构。从历史业绩、内控、流程、人员素质、品牌等各方面来看，目前国内大部分的基金管理机构缺乏足够的市场经验，这已经成为银行、保险、国企等机构投资者最密切关注的问题。再次，大量股权投资基金热衷于短线操作。目前，我国股权投资基金投资项目期限一般为2~5年，而发达国家为3~7年。与发达国家相比，我国股权投资基金投资项目一般期限明显偏短。由于大量股权投资基金热衷于短线操作，因此，我国股权投资基金难以持续支持企业创新和新兴产业发展。目前，我国股权投资基金投资传统产业和服务业的资金占总投资的90%左右，投资成熟企业

---

① 李方旺、曲富国、刘毅飞：《大力发展股权投资基金，加快战略性新兴产业发展和产业结构转型升级》，《经济研究参考》，2014年第37期。

的资金占总投资的94%，对新兴产业和创业期企业投资明显不足。最后，股权投资的退出渠道单一，退出过程不顺畅（详见上文"股权投资运作流程"的"退出"这一部分内容）。

2. 我国广电传媒企业参与发起的股权投资基金设立运营特有的问题

（1）市场募集资金难度大。例如，作为中国文化传媒领域规模最大的股权投资基金，中国文化产业投资基金首期募集规模的目标是60亿元，而实际募集到的资金为41亿元（包括了中央财政出资的5亿元），仅完成目标任务的68%。

（2）资金来源相对单一。以文化产业投资基金为例，目前，我国文化产业投资基金资金来源有财政资金、全国社保资金、各类国有企业和民营资金、证券公司资金（仅出现一个案例，即海通证券参与发起成立上海文化产业股权投资基金）等，而没有地方养老资金、信托投资公司、保险公司、境外投资者等具有大量资金存量的机构投资资金。

（3）退出压力大。例如，作为国内市场化运作程度相对高的文化传媒类股权投资基金，华人文化产业投资基金成立5年来已经累计投资十几个股权投资项目，但是，截至2014年8月的公开资料，只成功退出一个项目（即联众游戏）[1]；按照国际股权投资基金投资项目一般期限3~7年的标准，华人文化产业投资基金投资项目退出压力非常大。

三、广电传媒企业设立股权投资基金的要点

鉴于国家对广电等传媒领域股权投资的政策规定，广电传媒领域股权投资基金的设立运营与其他领域有一定的区别。以笔者起草的某省新

---

[1] 联众游戏于2014年6月30日在港股上市，遗憾的是上市首日破发。参见王小莓：《解密50亿华人文化基金：好声音印钞，黎叔布局14项目》，《理财周报》，2014年8月18日。

我国广电集团资本运作研究
Research on the Capital Operation of Broadcasting
and Television Group in China

媒体股权投资基金方案为例，广电传媒企业股权投资基金设立应包括但不限于以下几点内容：

（1）基金名称。××省新媒体基金。

（2）基金规模。基金规模为××亿元。

（3）基金组织形式。以《合伙企业法》为基础，采取有限合伙制的组织形式，由普通合伙人（基金管理机构）和有限合伙人（投资者）组成。普通合伙人对合伙企业债务承担无限连带责任，有限合伙人以其认缴出资额为限对合伙企业债务承担有限责任。

（4）基金绩效目标：努力实现社会效益与经济效益相统一。基金的设立运营将贯彻"社会效益第一、兼顾经济效益"的经营理念，形成体现文化企业特点、符合现代企业制度要求的组织形式和经营管理模式。通过建立健全基金各项规章制度，将省委省政府确定的基金宗旨、基金投资区域、基金投资方向制度化、规范化。

（5）基金投资方向。基金投资于××省媒体融合发展的重点项目、传统媒体产业转型升级项目、国有文化企业重组改制项目，确保投资于××省的项目金额占基金规模的比例不低于50%。具体投资项目：①××省媒体融合发展的重点项目；②传统媒体产业转型升级项目，包括新闻出版、广播影视、数字出版、文化园区、信息服务、创意设计、智慧城市、网络文化服务、演艺娱乐、新媒体装备和软硬件研发应用、动漫游戏开发推广等；③××省属国有文化企业的重组改制项目；④文化版权交易等要素市场相关项目；⑤泛文化创意新业态项目，包括以原创内容研发为核心的电影、电视剧、综艺节目、广播、音乐、出版、IP资源、移动互联网应用等。

（6）基金存续期。基金存续期拟定为××年，其中，基金投资期××年，退出期××年。基金期限按照合伙人协议约定或经全体合伙人同意，可提前结束或延期。退出期结束后，如有项目尚未退出的，可根据情况在征得合伙人会议同意后延长存续期××年。基金持有人可以对外转让其持有的基金份额，但在同等条件下，其他基金持有人有优先受让权。

（7）基金投资方式。基金采取股权投资方式，投资于子基金、相关优质文化企业股权。

（8）基金管理人。设立××省新媒体基金管理公司，由××省新媒体基金管理公司作为基金管理人。

（9）基金托管人。按照国家有关基金管理规定，委托具有合格基金托管人资格的机构作为基金托管人，原则上采取竞争性方式选取出资最多的银行作为基金托管银行。

（10）基金架构。基金架构如图5-7所示。

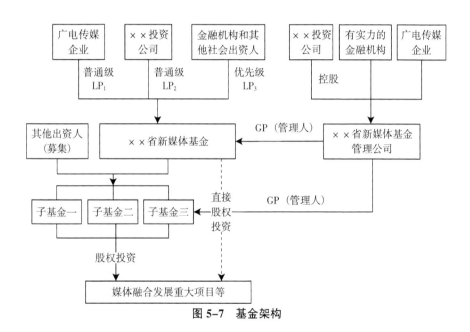

图 5-7 基金架构

（11）基金募集资金方案。基金拟采取母子基金运作方式，分期募集资金。①在母基金层面，除了财政资金之外，资金来源还包括广电传媒企业、专业投资机构、银行和其他社会出资人的出资资金。②在子基金层面，以母基金出资为引导，引入社会资本。子基金向各类社会资本开放，可视情况设若干个直接投向具体项目。子基金由母基金、广电传媒企业及具备产业整合实力且资金实力雄厚的投资机构共同发起，向社会

我国广电集团资本运作研究
Research on the Capital Operation of Broadcasting
and Television Group in China

出资人募集设立。③基金份额采取认缴制，募集资金根据项目的投资进度逐步到位。④计划出资的金融机构基本情况。目前，××等金融机构已明确表示参与基金募资，出具出资意向书（或出资承诺函），同意出资××亿元。

（12）基金运营成本。基金运营成本主要由社会资本募集成本、基金管理费等组成。基金运营成本原则上控制在××%~×××%以内，根据市场利率走势进行适当调整。

（13）基金管理费。基金管理公司按照委托管理协议每年向基金收取一定金额的管理费。基金管理费拟采取固定＋浮动的方式。目的是强化激励约束机制，鼓励基金管理团队在文化产业的深耕细作，体现基金的长期社会效益。具体的收费标准由基金出资人与基金管理公司共同商定，并在委托管理协议中明确。

（14）收益分配。基金盈利主要源于项目投资收益。基金收入在扣除基金运营和管理相关费用后，主要用于出资人收益分配。在有限合伙人中，基金收益分配拟按优先级本金及收益、普通级本金及收益的顺序分配。

（15）基金投资决策委员会。投资决策委员会对基金的投资机会进行专业的独立决策，投资决策委员会的决议需多数票通过。投资决策委员会原则上由5~7人组成，主要成员按基金合伙协议约定，由基金出资人、基金管理人派员组成，对全体合伙人负责。

（16）基金管理公司内设管理机构。①投资评审委员会。投资评审委员会成员由基金管理公司高管、职能部门管理人员及相关人员组成。主要负责对项目经理提交的投资计划和投资方案、对须经基金投资决策委员会批准的重大资本运作、资产经营项目和投资项目进行立项研究、提出建议和审批；以及基金合伙人授权的其他立项研究、建议和审批工作。②风险控制委员会。风险控制委员会由具备丰富投资运作和管理经验的专业投资人士组成，制定和设立基金的管理制度和流程，对基金拟投资项目可行性进行充分论证，对投资项目的可执行性出具专业意见，对投资项目开展后续情况进行定期、不定期动态跟踪，及时监控和反馈投资项目的运作风险等情况。③专家咨询顾问委员会。专家咨询顾问委员会为基金投资决策委员会提供项目推荐、工作指导和产业研究等方面的决策咨询服务。专家咨询顾问委员会成员由宣传部、财政厅、广电传媒企业和有关专业投资机构推荐产生。

（17）基金投资决策流程。基金投资项目原则上以基金管理公司为主进行市场化搜寻，并经过项目立项、尽职调查、预审等程序形成投资建议，提交投资决策委员会审议决策后组织实施。基金投资业务流程如图5-8所示。

1）项目来源。为优化基金投资备选项目质量，基金管理公司将根据《××省新媒体基金项目库管理办法》建立和完善拟投资项目库，对投资项目的来源渠道、准入条件、动态管理进行量化规范，对项目入库的流程加以规范，保证基金投资项目资金投入的高效运作。《××省新媒体产业基金项目库管理办法》由基金管理公司制定，将××省新媒体基金投资方向制度化、规范化。

2）项目初评。基金管理公司的项目管理团队或项目经理根据《××省新媒体基金投资管理办法》制定的投资原则和策略，对收集到的项目进行初步审核，并按要求开展项目初步调查。

3）项目立项和批准。项目管理团队根据项目初步调查和评审结果召开项目初评会；通过初评后，经项目管理团队或基金经理报基金管理公司的投资评审委员会批准后正式立项，并编制《立项建议书》。

4）尽职调查。项目通过初评和立项，项目经理牵头成立项目尽职调查小组，按相关项目调查制度要求开展尽职调查，形成尽职调查报告；风险控制委员会对财务和法律进行独立调查，形成独立调查报告；同时对尽职调查小组的调查记录进行抽查和复核，并出具评议意见报告。

5）项目评估。项目管理团队在完成尽职调查报告后，交风险管理委员会评估和审议，并根据××省新媒体基金投资原则和有关项目评审制度等要求，对尽职调查报告进行论证，并评判项目的投资价值和存在的风险，同时提出投资方案框架股权比例、价格、保障条款等或对投资方

我国广电集团资本运作研究
Research on the Capital Operation of Broadcasting
and Television Group in China

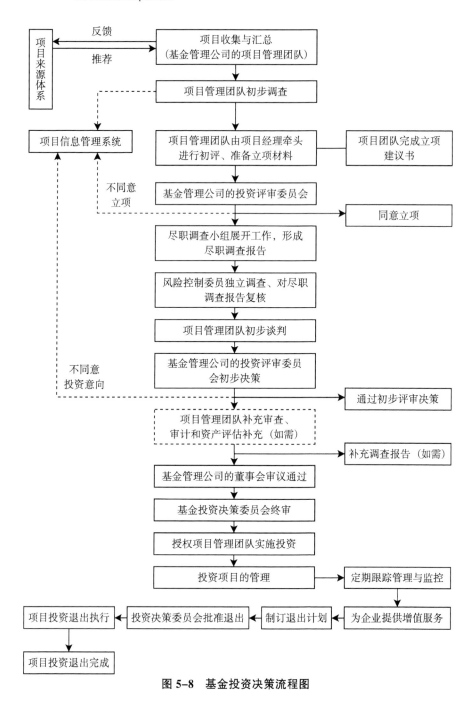

图 5-8 基金投资决策流程图

案进行必要的完善和补充。

6）初步决策和项目谈判。项目投资方案经过基金管理公司风险管理委员会论证通过后报投资评审委员会审议和进行初步决策；项目管理团队或项目经理根据投资评审委员会的初步决策，着手展开与项目方的价格等投资条件谈判。

7）补充调查和审计及资产评估。完成初步谈判后，根据论证会提出的问题，可开展补充调查，形成补充调查报告。如需要，可聘请有相应资质的会计师事务所和资产评估机构进行审计、评估与调查，并出具相关报告。

8）最终决策。项目管理团队根据上述文件形成最终的投资方案，与风险控制委员会的独立调查报告、投资评审委员会的初审意见一起上报基金管理公司董事会审议通过。

9）项目投资实施。项目经基金管理公司董事会审议通过后，报××省新媒体基金投资决策委员会做出正式投资决议。通过投资决议后，基金管理公司聘请法律顾问协助起草相关法律文件并通过基金托管人进行相关项目投资款的划拨，同时取得有关投资证明。

10）项目管理。基金投资项目后，由基金管理公司的项目管理团队小组进行项目投后管理，基金管理公司可委派代表参与被投企业的重大决策。风险控制委员会定期收集、分析企业的经营和财务信息，建立风险预警体系，对企业实施日常监控，全面控制投资风险。

11）项目增值服务。项目投资后，基金管理公司还要深入参与项目的监督管理，提供资本增值服务。这样一方面可减少项目运行过程中出资人的各种风险，另一方面提高了项目的市场价值，有利于基金的成功退出。

12）投资退出。项目投资实施后，根据项目的发展情况，基金管理公司提出投资项目的退出方案，并提交××省新媒体基金投资决策委员会审议并决策，由基金管理公司具体执行退出方案。

（18）基金建立风险管理体系。基金发起设立及运作，面临各种风险，必须建立完善的投资决策和管理控制机制，强化内部控制制度，规

我国广电集团资本运作研究
Research on the Capital Operation of Broadcasting
and Television Group in China

避各种风险，保证基金运营的安全性，最终实现基金资产的保值增值。

1）严格控制基金投资方向，规避行业风险。××省新媒体基金通过《××省新媒体基金合伙协议》、《××省新媒体基金委托管理合同》、《××省新媒体基金投资管理办法》等规章制度，严格控制投资方向，控制投资高风险行业，从而最大限度地规避行业风险。

2）构建基金持有人、管理人、托管人三权制衡的组织管理形式，规避基金的运行风险。基金持有人按《××省新媒体基金合伙协议》规定享有相应的权利和义务，获得约定收益。基金管理公司受托管理基金资产，按《××省新媒体基金合伙协议》、《××省新媒体基金委托管理合同》的规定运行基金，按《××省新媒体基金投资管理办法》、《××省新媒体基金项目库管理办法》和《××省新媒体基金风险管理制度》的相关制度规定选择投资项目，实施投资、管理、监控基金资产，进行基金分配收益和选择退出渠道等，通过专业优势挖掘资产的内在价值，为基金持有人提供增值服务。基金托管人受托托管基金资产，并对基金运行情况进行监督。通过构建基金持有人、管理公司、基金托管人三权制衡的组织形式，规避基金运行的风险。

3）建立投资决策和风险控制等内部控制制度，降低基金的投资风险。根据《××省新媒体基金合伙协议》规定的投资方向和投资原则，基金管理公司制定相应投资决策和风险控制等内部控制制度，建立从项目筛选、立项初审、尽职调查、可行性论证、风险评估到实施项目投资一套完整的投资流程，明确基金的投资目标、投资范围、投资策略、投资组合和投资限制等，做好项目的风险评估与防范。通过完善的内部控制制度，降低基金的投资风险。具体的制度及其作用是：

《××省新媒体基金资金管理办法》。加强对基金资金的使用监督，明确资金专户管理，确保资金安全可控、专款专用，促进资金高效运用，发挥资金的支持力度，保证资金安全。

《××省新媒体基金投资管理办法》。明确基金投资方向和投资方式，加强基金投资项目的管理及运行，规范基金投资决策的程序。切实维护基金出资人的利益，在风险可控的基础上，提高基金运行效率。

《××省新媒体基金项目库管理办法》。为优化基金投资备选项目质量，建立和完善基金拟投资项目库，对投资项目的来源渠道、准入条件、动态管理进行量化规范，对项目入库的流程加以规范，保证基金投资项目资金投入的高效运作。

《××省新媒体基金风险管理制度》。综合考虑资金使用、项目投资过程中存在的风险等因素制定本办法。管理控制经营风险，对接基金出资人的基金运作机制，防范、控制、化解、处理基金运行和管理过程中发生或可能出现的风险。建立健全风险管理体系，在各个管理环节中执行风险管理流程，培育良好的风险管理文化。

《××省新媒体基金信息披露及报告制度》。为保障出资人利益，接受出资人及有关管理部门的监督，依照法律规定将基金在资金募集、项目投资、管理、退出等方面的重大事项，基金的财务状况、经营情况等信息和资料向出资人、监管部门报告，使出资人充分了解情况。包括基金募集设立的披露及募集设立后的持续信息披露，包括定期报告制度和临时报告制度。

《××省新媒体基金信用档案管理制度》。为拟投资企业及相关下属企业设立基金信用档案，对企业信履约情况进行动态跟踪管理。根据基金参与投资的项目，按照投资协议的约定，落实项目收益的缴付，对项目收益按时足额缴付的，在申请后续基金支持时，予以一定的优先考虑；对于项目收益未能按时足额缴付的，设置相应的处罚条款，以约束广东省新媒体产业基金使用方的契约精神。

4）建立投资收益率的持续分析模型，有效控制经营风险。在持续运营过程中，基金投资收益率受到包括重新定价、项目收益不稳定和选择权等风险因素影响，产生波动性变化。基金管理公司应按照基金运作实际情况和投资者需求，建立相应的持续分析模型，完善风险管理体系，尽可能充分识别风险因素，测量基金投资收益率的可靠性，以及时识别风险，动态调整运营策略，充分保障基金投资人和风险担保方的权益。

5）提高基金管理公司人员的综合素质，规避基金管理和道德风险。

资本运作是贯彻落实企业发展战略的一种手段或工具，企业管控体系是企业有效实施资本运作的保障。目前，国内的广电集团是企业化管理的事业型集团，许多广电集团没有真正意义上的发展战略，集团战略管控体系不健全。如果广电集团要实施包括投资、并购、上市融资等资本运作，就要制定实施正确的企业集团发展战略以指导集团的资本运作，就要建立健全企业集团战略管控体系以确保集团资本运作在可控的轨道上运行①。

一、企业集团发展战略与管控

企业集团发展战略是企业集团对关系集团生存和发展的全局性和长远性问题进行谋划所制定的谋略，一般具有全局性、长远性、方向性和竞争性等特征②。企业集团发展战略一般包括战略思想、战略环境、战略目标、战略重点、战略阶段、战略对策、战略步骤等内容。企业集团战

---

① 企业集团管控纽带分为资本管控纽带、治理管控纽带、运营管控纽带和契约管控纽带。
② 盛毅：《中国企业集团发展的理论与实践》，人民出版社，2010 年版。

我国广电集团资本运作研究
Research on the Capital Operation of Broadcasting
and Television Group in China

略包括有企业集团整体战略、企业集团产品（产业）经营战略、资本运作战略等。企业集团战略管理与控制是母公司根据集团战略目标，从组织、制度、方法及流程等角度建立一套完善的管理体系，对集团战略管理和子公司战略实施情况进行控制的过程①。企业集团战略管理与控制是企业集团管控的主要内容之一，是企业集团战略实施的保障，主要通过母子公司战略管控的方式来实现。

（一）企业集团整体战略

企业集团整体战略是指为实现企业集团总体目标对企业集团未来发展方向做出的长期性和总体性战略，是统筹各项分战略的全局性指导纲领，从总体上规定了企业发展的基本方向、主要目标和重大步骤。企业集团总体战略一般可分为防御型战略、扩张型战略、收缩型战略和混合型战略等②。

（1）防御型战略。防御型战略又称为稳定型战略，是使企业集团的资源分配和经营状况基本保持在目前状态和水平的战略。在这一战略下，企业集团在其经营领域内所达到的产销规模和市场地位都大致不变或以较小的幅度增长或减少。采取防御型战略的企业集团，一般处于市场需求及行业结构稳定或较小动荡的外部环境中，或者是处于自身资源状况不足以使其抓住新的发展机会的状态中。

（2）扩张型战略。扩张型战略又称为增长型战略或成长型战略。实施扩张型战略的企业集团，其产品所在的市场增长很快；容易获得较好的规模经济效益，降低成本，获得超额的利润率；倾向于采用非价格的手段同竞争对手抗衡；常常开发新产品、新市场、新工艺和旧产品的新用途；不会简单地、被动地适应外部条件，而是倾向于改变外部条件并使之适合自身。企业集团采取扩张型战略必须具备良好的经济发展形势，必须有能力获得充分的资源来满足增长要求，必须符合政府管制机构的

---

①② 盛毅：《中国企业集团发展的理论与实践》，人民出版社，2010年版。

政策法规和条例等约束，必须有合适的企业文化。

（3）收缩型战略。收缩型战略是一种消极的发展战略。在这种战略下，企业集团一般会对现有产品和市场领域实行收缩、调整和撤退策略，一般会严格控制企业集团资源的运用并尽量削减费用支出。收缩型战略具有明显的短期性、过渡性，根本目的不在于长期节约开支停止发展而是为了今后的发展积蓄力量。

（4）混合型战略。混合型战略是防御型战略、扩张型战略、收缩型战略的组合。从中短期看，企业集团的战略是防御型战略、扩张型战略或收缩型战略这三种战略中的某一个战略；从中长期看，却是这些战略的结合使用。从采用情况来看，多数企业采用混合型战略。采用混合型战略，有时候是战略态势选择中不得已而为之的结果。

（二）企业集团产品（产业）经营战略

企业集团产品（产业）经营战略是在企业集团整体战略约束下指导和管理产品（产业）经营单位的计划和行动，是企业集团战略体系的一个重要内容。它要解决的核心问题是，如何通过确定顾客需求、竞争者产品及本企业集团产品这三者的关系来奠定本企业集团产品（产业）在市场上的特定地位并维持这一地位。企业集团产品（产业）经营战略包括差异化战略、市场控制战略、多元化战略、成本领先战略和技术创新战略等，这里只介绍与资本运作关系密切的差异化战略、市场控制战略、多元化战略。

（1）差异化战略。差异化战略也称为专业化战略。差异化是企业使自己产品或服务区别于竞争对手，包括有产品设计或商标形象的差异化、产品质量的差异化、顾客服务的差异化、销售分配渠道的差异化等。企业集团实行差异化战略必须具备的条件是：有很强的研究开发能力，研究人员要有创造性眼光；产品质量或技术领先在行业内有较高的声望；较强的市场营销能力；研究开发、产品开发、市场营销等职能部门之间具有很强的协调性；具有吸引高级研究人员、创新型人才和高级技能职

我国广电集团资本运作研究
Research on the Capital Operation of Broadcasting
and Television Group in China

员的物质设施。品牌战略实质上属于企业集团差异化战略范畴，它包括品牌化决策、品牌模式选择、品牌识别界定、品牌延伸规划、品牌管理规划五方面内容，集中表现为对中高端市场的控制及对低端市场的影响，是企业扩大销售及提升市场影响力的关键保证，通过提升企业品牌知名度放大企业无形资产。

（2）市场控制战略。市场控制战略是大型企业利用其特有的市场优势，对市场价格、数量和份额进行控制，降低市场竞争的强度，确保企业在市场上处于主导地位的战略。实施市场控制战略的途径主要有两种。①兼并收购战略。这是大型企业集团常用的手段。兼并可分为横向兼并和纵向兼并。横向兼并是将市场上直接与其竞争的同类企业收购兼并，主要目的是扩大市场份额，减少竞争对手；纵向兼并是将与企业采购、销售等环节相关的上下游企业收购兼并，目的是为了控制原料和产品销售渠道等，确保企业战略优势地位不受来自任何一个方面的挑战。②联盟合作战略。如果竞争对手实力强大、占据的市场份额较大并且不愿意被兼并，企业往往采取联盟合作的途径。联盟合作的双方可以根据彼此的优势，在某一经营领域或某一生产环节展开合作，包括资金、技术和市场方面的合作。联盟合作的优点是避免在激烈的竞争中两败俱伤，降低收购风险。

（3）多元化经营战略。多元化经营战略是企业经营局限于一种产品或一个产业而实行跨产品、跨行业的经营战略[①]，包括集中化多元化、横向多元化、纵向多元化和混合式多元化等经营战略。①集中化多元化经营战略，是指企业利用原有的生产技术条件制造与原产品用途不同的新产品，它的经营特点是：虽然原产品与新产品的基本用途不同，但是它们之间有较强的技术关联性。②横向多元化经营战略，是指企业生产新产品销售给原市场的顾客以满足他们新的需求，它的经营特点是：原产品

[①] 与多元化经营战略相对应的是专业化经营战略。专业化经营又称单一化经营，是指企业仅仅在一个产品领域进行设计、生产或者销售，企业的业务范围比较单一。

与新产品的基本用途不同，但它们之间有密切的销售关联性。③纵向多元化经营战略，分为前向一体化经营战略和后向一体化经营战略，它的经营特点是：原产品与新产品的基本用途不同，但它们之间有密切的产品加工阶段关联性或生产与流通关联性。④混合式多元化经营战略，是指企业向与原产品、技术、市场无关的经营范围扩展，它需要充足的资金和其他资源，是实力雄厚的大公司经常采用的经营战略。

为实现多元化经营战略，企业集团通常采取以下措施：①企业合并，通过与其他企业实行水平合并、垂直合并或混合合并，增加产品品种系列或拓宽经营范围；②控制股权，通过投资收购来控制其他企业股权，以此扩展企业集团的边界；③联合经营，通过协议等方式与其他企业开展技术等方面合作，拓宽经营范围；④兴办子公司或分公司，以法人资本建立独立法人的子公司或非独立法人的分公司，或者与其他企业联合投资组建独立法人的股份制企业；⑤开发相关产品，利用现有生产能力发展工艺相近的不同产品，围绕主导产品发展深加工产品或变型产品。

（三）企业集团的资本运作战略

伴随着企业集团资本运作活动日益增多，一些企业集团将资本运作计划与行动从产品（产业）经营战略分离出来，提升到战略高度，形成企业集团的资本运作战略。企业集团资本运作战略是在企业集团整体战略约束下，以企业资本价值增值为目标的战略。

（1）企业集团资本运作战略与产品（产业）经营战略的联系与区别。资本运作战略与产品（产业）经营战略是统一于企业集团整体战略的不同子战略，二者之间的联系与区别源于产品经营、资产经营、资本经营这三个既有联系又有区别的概念①。产品经营是企业资源配置的初级形态，是企业关注自身生产的产品或流通中的同类商品，通过发明创造、技术革新、工艺改进、市场营销等手段，实现产品本身的质量提高、成

---

① 文宗瑜、张晓杰：《企业战略与资本运营》（第二版），经济科学出版社，2012年版。

我国广电集团资本运作研究
Research on the Capital Operation of Broadcasting
and Television Group in China

本降低，进而增加企业利润的一系列经营活动。资产经营是资源配置的中级形态，是企业在生产经营过程中，从提高资产流动性角度，通过加快资产周转、减少库存、控制资金占用等不同形式的内部操作，实现企业资产优化配置、提高资产配置效率并降低风险的管理活动。资本经营是资源配置的高级形态，是企业发展到一定规模后，依托资本市场，通过并购重组等方式对企业资源进行优化配置，从而提高企业的竞争者和盈利能力，促进企业发展战略目标实现的经济活动。产品经营、资产经营、资本经营的联系之处在于：三者统一于实现企业利润最大化或价值最大化的目标。产品经营、资产经营、资本经营的区别在于：产品经营侧重于产品本身的质量提升、成本降低和利润增加，依托发明创造、技术革新和营销手段，是企业微观层面运作；资产经营侧重于提高效率和降低风险，依托内部经营管理、结构调整和规模化等方式，是企业中观层面的运作；资本经营也被称为资本运作，侧重于创造价值和资本增值，依托外部资本市场和并购重组等方式，是企业宏观层面的运作。基于此，资本运作战略与产品（产业）经营战略是相辅相成的关系，是企业整体战略的左膀右臂；与产品（产业）经营战略相比，资本运作战略是企业在更高层面进行资源配置的战略，资本运作战略是企业依托资本市场实现资本价值增值和放大的战略，而不是依托产品市场开展竞争以获取生产与销售利润的战略；资本运作战略是企业集团发展到一定阶段后，在产品（产业）经营战略的基础上，出现或形成的战略。

（2）企业集团资本运作战略有助于实现产品（产业）经营平台与资本运作平台的对接。企业的产品经营、资本经营经过一定时间的积淀和夯实之后，会形成具有较多资源、较强能力和丰富经验的产品运营平台和资本运营平台。产品运营平台是指企业经过多年生产经营及销售积淀而成的产品更具体系、服务分布更广、市场份额更大、营销能力更强的平台，一般而言，产品运营平台是单体企业的自发行为。产业运营平台是产品运营平台的升级，是在企业纷纷搭建起产品运营平台的基础上，在行业协会或政府行业管理部门引导下，逐步形成的具有较强竞争力和持续发展能力的上中下游一体化的平台。资本运营平台是指企业通过开展多次资本运作不断积累经验并吸取教训后，积淀而成的具有资本运营管理人才、运作标的、运作实力和操作能力的平台。只有搭建形成产品（产业）运营平台的企业才有条件搭建起资本运营平台，否则，企业不仅不能获得资本运作收益还容易陷入资本运作的巨大风险之中。在企业集团整体战略约束下，企业集团产品（产业）经营战略与资本运作战略相互配合，通过战略规划和战略实施，将产品运营平台和资本运营平台协调统一起来，更好地实现企业集团利润最大化、所有者权益最大化和企业价值最大化①。

（四）企业集团的战略管控

为了确保企业集团战略的成功实施，企业集团往往会实行母子公司战略管理与控制。母子公司战略管理与控制是指集团公司为了实现集团整体战略目标而采取的指导、监督下属公司的战略管理和战略实施的一系列政策、程度和方法。母子公司战略管理与控制主要通过以下两种途径来实施。

（1）母子公司职能分工。在企业集团，母子公司都是独立的法人主体，各自遵循自己的公司治理结构和战略管理程序。母子公司关系不同，战略管理中各自职责定位、战略管理的权限也不同。①在集权式企业集团，战略制定和选择权均集中于母公司，子公司只是战略实施机构。②在纯粹控股式企业集团尤其是财务型纯粹控股式企业集团，母公司集中于财务收益和财务安全的监督，子公司享有很大的战略决策自主权。③在混合式企业集团，集团总部往往具备集团发展战略的制定和监督职能；

---

① 换言之，在市场经济中，大型企业或企业集团之间的竞争往往是战略性的竞争，是多种手段协调配合以实现企业发展战略的竞争，是在产品市场、生产要素市场、资本市场等多个层面共同开展的竞争。例如，在国内家电销售商 A 与电销商 B 的竞争中，A 先通过金融代理机构卖空在香港上市的 B 股票，接着大幅度降低 A 自身家电销售价格从而引发 B 股票大跌，然后再低价买回 B 股票归还券商，A 不仅用资本市场的收益弥补了家电降价销售的损失，还沉重打击了电销商 B，使电销商 B 很快失去国内市场的龙头地位。

我国广电集团资本运作研究
Research on the Capital Operation of Broadcasting
and Television Group in China

具备资本运作职能，实施产权（股权）的转让、收购、重组、托管、投资等；具备金融职能，建立资本结算中心或财务公司，形成专业化融资机构和资金管理机构；具备业绩考评职能，考核各子公司的经营业绩，包括资本保值增值、销售利润收入、市场增长份额等内容，并在考核期满对子公司高级管理层进行奖惩兑现。

（2）母子公司机构设置。企业集团内部的战略管理职能分工要求母子公司根据需要建立各自相应的战略管理组织机构。母公司设置的战略管理机构是董事会战略管理委员会，负责企业集团的战略管理，包括战略方向确定、战略目标制定、战略方案设计、战略实施监督、战略评估等；在母公司总部设立战略管理部，协助战略管理委员会对企业集团进行战略管理。子公司视情况决定设立战略管理组织机构：在控股型企业集团，子公司往往会设立战略管理委员会和战略管理部。在混合式企业集团，子公司一般不设立战略管理委员会和战略管理部，子公司的业务和职能战略由母公司负责制定，子公司只负责执行；若子公司为上市公司或大型股份公司，可根据情况分别设立战略管理委员会和战略管理部，履行上述职责。

二、我国广电集团发展战略模式之一：江苏广电总台（集团）的多元化经营战略和品牌战略

江苏广电总台（集团）成立于 2001 年 6 月，长期坚持以"做优江苏、做强华东、率先全国、走向世界"为战略愿景。2007 年后，江苏广电总台（集团）进一步细化长期发展战略，明确以新闻宣传事业、公共文化服务事业、产业经营作为战略板块，以大型宣传和文化活动工程、资本运作工程、卫视率先全国工程、广播影视名品精品工程等十大重点工程作为战略重点，加快由内生式发展向内生外延并举的发展模式转变。经

过十多年的跨越发展，江苏广电总台（集团）已经成长为我国综合实力最强、品牌影响最大的省级广电媒体之一，从 2010 年起连续四年入选中国"文化企业 30 强"。

（一）江苏广电总台（集团）的多元化经营战略

2007 年以来，江苏广电总台（集团）采取从纵向和横向同时推进多元化经营、完善管控体系、引入战略投资者等举措，实施多元化经营战略。

（1）在纵向上打通和延伸产业链。内容制作业务是广电产业的上游，市场竞争较为充分、市场空间最为广阔的领域；播出业务是广电产业的中游，播出平台是广电媒体的垄断资源；传输网络业务是广电产业的下游，是广电产业中垄断程度最高的领域。江苏广电总台（集团）积极利用产业链的协同优势，打通内容制作业务和播出业务联系，探索参与传输业的运营。在内容制作方面，江苏广电总台（集团）加大战略性投入，组建市场主体，整合内外两种资源，以打造自有版权的精品力作为重点，推进内容制作业向规模化、品牌化的方向发展。在播出方面，江苏广电总台（集团）充分挖掘播出平台作为垄断资源的潜力，利用总台的播出平台优势，拉动内容制作业务发展。在传输网络方面，江苏广电总台（集团）在有线干线网经营的基础上，通过参与全省有线网络整合、加强省市合作等多种方式逐步探索新的传输网络经营模式。

（2）在横向上实行跨产业链融合。在纵向上打通和延伸产业链的同时，江苏广电总台（集团）在横向上进行跨产业链融合。一是打造多媒体平台实现传统媒体与新媒体的融合。对传统媒体和新媒体进行分类管理，明确各自的发展战略和资源配置，在同一业态内追求资源协同效益和竞争力最大化；在此基础上，按市场需求和内容分类，对内部资源进行二次整合，以项目制、公司制等不同的方式，推进不同事业部的资源实现协调共享和多次开发，达到价值最大化。二是开展家庭购物实现播出业务与零售业务的融合。家庭购物业务主要以电视为依托，辅助网络、平媒、广播资源，实现无店铺零售。三是推动延伸产业实现媒体资源与

我国广电集团资本运作研究
Research on the Capital Operation of Broadcasting
and Television Group in China

外部市场的打通。重点是发展包括演艺活动、演艺培训、品牌授权、节目合作、技术服务等延伸产业的业务。

（3）完善管控体系。在组织架构上，逐步推动"总台"与"集团"业务的分离，逐步形成"总台"与"集团"两大业务平台；在优化原有以事业部制为主的矩阵式组织架构的基础上，针对内容产业和品牌建设的发展需要，增设精品管理办公室和主持人管理部；针对非垄断业务的发展需要增设经营管理部等职能部门。在管控模式上，对垄断业务和集团下属全资子公司采用"运营型"的管控模式；对市场竞争性较强的业务，采取建立和完善市场主体的思路，构建以董事会为核心的股份制子公司的管控模式。

（4）开展资本运作。江苏广电总台（集团）旗下的幸福蓝海集团和好享购物公司先后成功引入江苏紫金文化产业发展基金、江苏泰博易等战略投资者，成立了股份制公司，推进了这两家公司上市工作。江苏广电总台（集团）还投资 15 亿元，成为江苏省广电有线信息网络股份有限公司的第一大股东。目前，江苏省广电有线信息网络股份有限公司（简称为"江苏有线"）已经上市。

经过多年努力，江苏广电总台（集团）形成了电视（14 个频道）、广播（10 套节目）、报刊（1 报 5 刊）和新兴媒体（江苏网络电视台、3G 手机电视，公交、地铁移动电视，CMMB 手机电视，IPTV 等）四大平台集群，拓展了影视制作、电影发行放映、影视基地、演艺娱乐、居家购物、新媒体等多元业务，成为广播影视业务链最完整的省级广电媒体之一。目前，江苏广电总台（集团）广告收入在总收入中的比重已经下降到 50%左右，多元化经营战略取得明显成效。

（二）江苏广电总台（集团）的品牌战略

2005 年以来，江苏广电总台（集团）坚持以"情感世界、幸福中国"为品牌定位，以"幸福文化"为价值引领，成功实施了自己的品牌战略。在世界品牌实验室发布的 2012 年《中国 500 最具价值品牌》排行榜中，江苏省广播电视总台（集团）以 120.68 亿元的品牌价值位居排行榜 113 位，在所有入选的广电传媒品牌中仅次于中央电视台和凤凰卫视，位居省级广电媒体第一。江苏广电总台（集团）品牌战略的主要举措包括：

（1）优化战略定位。2005~2009 年，江苏卫视以"情感"为品牌定位，开办《绝对唱响》、《人间》、《名师高徒》等节目，节目屡屡创造收视新高，受到全国观众和大广告主的青睐。2009 年，江苏广电总台（集团）启动品牌升级战略，将"幸福"确立为品牌核心理念，将引领"幸福"作为自己的价值主张，传递给受众积极、阳光、向上的精神体验和情感体验；江苏卫视随之定位为"幸福中国"。

（2）以江苏卫视品牌和精品影视大片品牌为战略突破口。江苏广电总台（集团）率先推进江苏卫视品牌和精品影视大片品牌建设，通过二者在全国市场上的率先突破来带动江苏广电总台（集团）整体品牌在全国市场的影响力扩张。其中，以江苏卫视为"幸福"品牌的主载体，全力将江苏卫视打造成全国领先的省级卫视；以幸福蓝海集团为主体，推出一系列在全国叫好又叫座的精品影视大片；在打造上述两个全国性品牌的基础上，加强地面频道、广播频率、报刊、好享购物、新媒体等子品牌建设，形成区域品牌集群。

（3）围绕"幸福"定位，打造一批"幸福"节目和影视产品。以江苏卫视为核心，围绕"幸福"定位，自主创新，精心打造情感故事类栏目《人间》、婚恋交友节目《非诚勿扰》、国内首档夫妻博弈挑战秀节目《老公看你的》和国内首档婚姻幸福秀节目《欢喜冤家》等一批节目。以幸福蓝海影视文化公司为主体，投资或生产《人间正道是沧桑》、《南京南京》、《建国大业》、《十月围城》、《让子弹飞》、《金陵十三钗》、《建党伟业》、《辛亥革命》、《老大的幸福》、《人活一张脸》、《战地浪漫曲》等一批大片大剧。

（4）成立专门部门进行品牌管理[①]。集团层面的品牌管理职能设置在

[①] 熊忠辉：《中国广电集团的发展模式——以苏、沪、湘三家省级集团为主要研究对象》，《视听界》，2011 年第 3 期。

我国广电集团资本运作研究
Research on the Capital Operation of Broadcasting
and Television Group in China

总台规划发展部，电视传媒中心的品牌管理职能设置在中心总编（综合）办公室，频道层面的品牌管理设置在频道总编室或推广部门。各个层级的品牌管理部门实际上兼具品牌管理和公共关系两重职能。通过自上而下的三层管控体系，每一个层级的品牌都有对应的管控部门，确保各层级品牌不偏离预定轨道，有序运行、协调一致。为了增强品牌合力，在层层管控的同时，注重跨层协作，确保品牌效应的最大化。

三、我国广电集团发展战略模式之二：上海文化广播影视集团的多元化经营

上海广播电视台、上海文化广播影视集团有限公司（统称"SMG"）由原上海文化广播影视集团和上海广播电视台、上海东方传媒集团有限公司于 2014 年 3 月全面整合而成，是我国最大的省级广电媒体及综合文化产业集团。截至 2013 年底，SMG 资产总额为 445 亿元，营业收入为 210 亿元。SMG 业务涵盖新闻宣传、媒体运营、网络传输、现场演艺、文化旅游，以及电视购物、版权销售、文化投资等文化传媒产业的多个领域。SMG 旗下拥有 11 个广播频率、15 个电视频道、15 个数字电视付费频道、9 种报纸杂志；拥有百视通新媒体（600637）、东方明珠（600832）两家上市公司，合计最高市值达 937.2 亿元；拥有一批全国知名文艺院团、演艺场馆与东方明珠广播电视塔、上海国际会议中心、上海东方绿舟等城市文化地标。原上海文化广播影视集团长期坚持多元化经营，改制、重组、整合后形成的新的上海文化广播影视集团将对其多元化经营做适当调整。

（一）全面整合前的多元化经营

在 2014 年全面整合以前，原上海文化广播影视集团的多元化经营具

有以下特点。

（1）新媒体业务表现突出。近几年来，原上海文化广播影视集团的传统电视业务总体表现不佳。旗下的东方卫视收视率不如湖南、江苏、浙江等省级卫视，在娱乐节目和影视剧方面，除了 2010 年的《中国达人秀》、《壹周立波秀》赢得较多观众目光以及多媒体梦幻剧《时空之旅》三年票房净收入 1.4 亿元之外，没有其他亮点。与传统电视业务相反，原上海文化广播影视集团的新媒体业务表现突出，成为当时国内唯一拥有 IPTV、手机电视、高清电视、宽带电视、地面无线电视等电视传播模式的公司，拥有百视通、文广互动、东方龙等多家新媒体公司，较早局部试点商用下一代广播电视网（NGB）。

（2）注重与国内外传媒企业开展合作经营。原上海文化广播影视集团与北京、广州等国内媒体共同创办"第一财经"公司，产品形态涉及电视、网络、报刊、指数销售等。目前，第一财经已经发展成为我国最具影响力、品种最完整的财经媒体企业。原上海文化广播影视集团与美国新闻集团、维亚康姆（Viacom）、美国全国广播公司（NBC）旗下的 CN-BC 集团等国外传媒企业合作，合作领域包括电视、广播、报纸、杂志和电影等，其中，国内电视购物网络、时尚生活节目等合作项目获得盈利。

（3）加强与金融机构的合作。原上海文化广播影视集团和国家开发银行上海分行于 2009 年签订《开发性金融合作协议》，使原上海文化广播影视集团在 5 年内获得国开行金融性支持 100 亿元，用于产业投资、跨地域合作、新媒体发展、文化品牌上市及服务平台建设等投资项目。原上海文化广播影视集团与世界著名风投机构日本软银国际于 2009 年达成合作协议，合作项目涉及数字媒体版权交易、内容产品联合开发、海外流通、新媒体技术与服务及媒体市场营销等。原上海文化广播影视集团旗下的上海东方惠金文化产业投资有限公司与国家开发银行、上海大众公用事业、招商局中国基金等机构的下属机构，还有文汇新民联合报业集团、宽带资本等机构共同出资，组建华人文化产业投资基金（详见广电传媒投资的相关内容）。

我国广电集团资本运作研究
Research on the Capital Operation of Broadcasting
and Television Group in China

（二）全面整合后的多元化经营

全面整合以后，SMG 的战略定位是以"传播向上力量，丰富大众生活"为使命，努力践行"忠诚，责任，创造，共赢"的核心价值观，通过持续引领中国广电及传媒业改革，提升国际文化传媒市场品牌影响力，努力打造中国最具创新活力和国际影响力的广电传媒及综合文化产业集团。根据这一总体的战略定位，新的上海文化广播影视集团有限公司多元化经营将有所调整。预计将具有以下特征：

（1）强化集团层面对多元化经营的管控。原先的上海文化广播影视集团曾经按照"打造控股集团、让旗下业务板块成为独立发展的市场主体"的思路发展多元化经营，导致 SMG 发展呈现多足鼎立、诸侯割据的状态（即很多板块、子公司之间争夺集团有限的资源，弱化了集团整合资源、划定界限的能力；旗下各类公司经营出现"小而全、自行发展"，主业不突出，同业竞争突出），使 SMG 的核心竞争力正在流失、被肢解，使产品的竞争力（广播电视的节目生产力）在全国受到前所未有的挑战。为此，新的上海文化广播影视集团主要领导深刻反思过去的经营思路，打算从集团层面来布局多元化经营，而不是放任各子公司开展多种经营①。

（2）更加注重资本运作在多元化经营中的作用。上海文化广播影视集团将进一步发挥东方明珠和百视通这两个上市公司的平台作用，通过资本市场的手段，推动 SMG 的管理运营和战略拓展，再吸引资本注入，从而不断发展壮大。在整合后的集团总部，新设立战略投资部，专职开展资本运作业务。

---

① 范晓东：《黎瑞刚谈再造上海文广　否定子公司多元化战略》，腾讯科技，http://tech.qq.com/a/20140214/013775.htm。

四、我国广电集团发展战略模式之三：湖南广电集团或湖南广播电视台的产业经营

湖南广播影视集团于 2000 年 12 月成立，是我国第一家省级广电传媒集团，也是我国一家跨媒体、跨行业经营的大型传媒集团，下辖 10 个电视频道（其中两个上星频道）、1 个电影子集团、5 个广播频率、3 家公开发行的报刊、1 家综合性新闻网站，拥有十几家全资或控股公司。2010 年 4 月，湖南广播影视集团正式注销，所有资产划归湖南广播电视台管理。随后，湖南广播电视台剥离所属省级广播电视媒体的经营性资源、资产而注入湖南广播电视台控股的芒果国际传媒（集团）有限公司。芒果国际传媒（集团）有限公司成为湖南广播电视台的市场主体，成为湖南广播影视集团产业经营的继承者。自 2000 年成立以来，湖南广播影视集团或湖南广播电视台产业经营成绩斐然，产业收入快速增长。2013 年，湖南广播电视台实现创收 183.4 亿元（其中，媒体广告收入 76.5 亿元，产业收入 106.9 亿元），产业收入超过广告收入成为创收的主力军，打破了长期以来广播电视台依靠广告收入作为主要收入来源的规律。与其他省级广电集团相比，湖南广电集团的产业经营具有以下两个突出的特点。

（一）以广电内容制作播出为核心，带动相关产业发展

湖南广电集团或湖南广播电视台紧紧围绕娱乐和青年定位，自主创新研发并生产制作播出了一大批电视节目和影视剧作品，形成在全国广电市场具有强大竞争力的核心业务。其中，在电视节目经营方面，湖南卫视致力于娱乐节目的研究开发，制作播出了《玫瑰之约》、《快乐大本营》、《超级女声》、《奥运向前冲》、《越策越开心》、《天天向上》、《爸爸去哪儿》等，长期引领中国电视收视风向；在影视剧制作播出方面，下属

我国广电集团资本运作研究
Research on the Capital Operation of Broadcasting
and Television Group in China

的华夏影视传播有限公司、湖南电广传媒股份公司节目分公司等生产制作了《六个梦》、《梅花三弄》、《还珠格格》、《乾隆王朝》、《绝对权力》等一大批优秀的影视剧，采用《大长今》、《一起看流星雨》、《宫锁心玉》等独播剧、自制剧和自有的编排方式使湖南卫视电视剧收视经久不衰。最近，随着亲子类节目《爸爸去哪儿》的热播，湖南广播电视台适时打造、推出同名手机游戏、电影、出版物等衍生产品，带动了相关产业发展。其中，《爸爸去哪儿》电影带来逾超 7 亿元的票房收入；《爸爸去哪儿》手机游戏，上线不到 2 个月，下载量突破 1 亿次，日活跃用户达到 500 万人。

在形成广电核心产业的基础上，湖南广电集团或湖南广播电视台推进电视与手机、互联网的融合。湖南广电集团或湖南广播电视台于 2006 年成立快乐阳光互动娱乐传媒有限公司，在资产、经营上都独立于传统电视，主要在互联网和无线增值领域开发新产品和新服务。湖南广电集团或湖南广播电视台把金鹰网旗下芒果网络电视（简称芒果 TV）分离出来，面向市场独立品牌运营，开展一系列合作，引入大量电视台节目资源和内容。湖南卫视与淘宝网合作制作播出中国第一档电视网络互动节目《越淘越开心》，据央视索福瑞收视分析，《越淘越开心》首期节目观众收看规模约为 3300 万人，其中一半以上的收视贡献来源于 34 岁以下的年轻观众。

（二）以资本运作为工具，加快广电及其相关产业发展

（1）通过上市公司，加快电视及其相关产业发展。1998 年 12 月 23 日，由湖南省广播电视发展中心发起成立的"电广实业"股份公司（后更名为"电广传媒"）在深圳证券交易所定价发行 5000 万股 A 股，募集资金 4 亿多元。1999 年 9 月 15 日，"电广实业"股份公司董事会决定投资一亿多元与湖南卫视、湖南生活频道、湖南文体频道等媒体合作开发经营财经节目、综艺节目，并斥巨资拍摄大型电视连续剧《屈原》、《青春出动》、《军人机密》、《昨夜迷情》，从此，湖南的电视媒体发生了实质性的变化，具有了真正意义上的产业运作特征[①]。湖南广电集团或湖南广播电

视台还通过电广传媒，完成了湖南省全省有线电视网络股权重组，以资本为纽带把全省有线电视网整合成一张互联互通、全程全网、体制机制符合现代企业发展要求的新网络；湖南广电集团或湖南广播电视台还通过电广传媒，募资对现有广电网络进行升级改造，实现全业务运营，加快向全业务云信息服务商转型。截至目前，电广传媒已经从单一的广告代理发展成为涵盖有线网络、节目内容、创投、艺术品、旅游等业务板块的综合性大型传媒企业，成为湖南广播电视台产业发展的主力军。

（2）培育下属企业上市，带动相关产业发展。除了上市公司电广传媒以外，湖南广电集团或湖南广播电视台还拥有天娱传媒、金鹰卡通、快乐购物、快乐淘宝、盛视影业、芒果影业、响巢国际、快乐阳光等未上市的子公司。湖南广电集团或湖南广播电视台有意识地选择一些未上市的子公司作为上市公司的"种子"来培育。例如，对 2005 年由湖南广电集团注资成立的定位于"媒体零售、电子商务"的快乐购物有限责任公司，在其经过 5 年发展具备一定的实力后，湖南广电集团或湖南广播电视台及时提出谋求快乐购物上市，引入战略投资者投资，实施覆盖长三角、珠三角及全国一线目标市场的市场扩张战略，加快湖南广电集团或湖南广播电视台的电视购物产业的发展。截至目前，快乐购物上市工作取得重大进展：2011 年 5 月，快乐购物有限责任公司变更为快乐购物股份有限公司；2014 年 10 月 8 日，快乐购物股份有限公司在证监会网站公布新的招股书（申报稿），计划新股发行不超过 0.7 亿股，拟募资规模为14.71 亿元，用途为用于电商平台及新媒体等 7 个项目。目前，快乐购物已经成功上市。

---

① 王云峰：《湖南广电产业运作的实践与思考》，《声屏世界》，2010 年第 5 期。

我国广电集团资本运作研究
Research on the Capital Operation of Broadcasting
and Television Group in China

五、我国广电集团发展战略特征和管控问题

（一）我国广电集团发展战略的特征

根据公开资料和调查研究，笔者认为目前我国广电集团发展战略存在以下三个特征。

（1）绝大多数广电集团没有清晰的总体战略。除了江苏广电总台（集团）等极少数广电集团以外，绝大多数的广电集团没有制定和实施总体战略规划。部分广电集团仅实施了多元化经营或品牌战略，例如，上海文化广播影视集团和浙江广播影视集团。由于缺乏总体战略及其管控，上海文化广播影视集团多元化经营陷入"多足鼎立、诸侯割据"的困境，将不得不强化集团层面的管控。

（2）基本上没有资本运作战略。虽然不少广电集团运用资本运作并取得实效，例如，湖南广电集团或湖南广播电视台和上海文化广播影视集团，但是，我国广电集团基本上还没有制定实施资本运作战略，没有搭建起产品经营平台和资本运作平台并使这两个平台有效对接。甚至于现在还有个别广电集团把资本运作视同融资，还存在"搞资本运作是为解决资金问题"的片面认识。

（3）缺乏有效的战略管控体系和机制。不论是整体战略还是品牌战略、多元化战略，除了江苏广电总台（集团）等极少数广电集团以外，大多数广电集团缺乏集团层面的战略管控体系和机制。

（二）我国广电集团管控问题

目前，我国广电集团管控还存在不少问题，其中，表现突出的是以下两个方面。

（1）法人治理结构方面的管控问题。目前，我国广电产业运营管理主流模式是"广播电视台—集团（母公司）—子公司"的经营管理体系。集团（母公司）扮演着"承上启下"的角色：广播、电视台借助在集团中的出资人身份，实现对集团的监管；而集团则通过对旗下子公司行使出资人权力，发挥对子公司的监控作用，从而形成广播、电视台对整个国企监管的完整性。不过，在实际运行中，一部分广电集团特别是仍然具有的事业体制管理色彩的广电集团还实行行政型治理，例如，子公司的高管仍由母公司的上级单位（事业单位或行政单位）任命或派驻，使广电集团出现非企业性质的管控机制，使治理管控纽带不能正常发挥作用。

（2）经营管理方面的管控问题。目前，大多数广电集团实行单体公司式管理经营模式。在单体公司式管理经营模式下，单体公司主要关注于某项具体业务的发展，管理层次相对简单；集团经营管理要解决母、子公司之间，乃至各子公司之间的资源共享、战略协同、产业链搭建等问题，需要集团有效管控进而实现"1＋1＞2"的管理效果。在实际运作中，大多数的广电集团还停留在单体公司管理经营的初级阶段，不论是在发展战略方面，还是在多元化经营、产业链打造等方面，或者是在管理思路、组织形态、运作模式等方面，或者是在集团内部母、子公司间权力制衡、职能制衡的制度建设方面，没有完全实现集团化，也没有建立起集团经营管控纽带，使集团内部经常出现"1＋1＜2"的管理效果。

比照我国国有企业改革发展历程，虽然广电传媒业与工商业、银行业的行业性质不同，但是我国广电传媒领域国有经营性文化单位向国有广电传媒企业的转变与计划经济体制国营企业（银行）向市场经济体制国有企业（国有商业银行）的转变有许多类似之处①，广电集团（国有广电传媒企业）改革发展应该认真学习借鉴国有企业（国有商业银行）改革发展的经验，包括国有企业资本运作的经验。

一、转轨时期我国国有企业资本运作的主要举措

根据资本运作广义上的定义和我国处于从计划经济体制向市场经济体制转变的实际，转轨时期我国国有企业资本运作可以大概地划分为两个方面的操作：一是实现国有资产资本化、证券化的操作，将国有资产从部分企业撤出，对需要保留国有资产的国有企业进行公司制、股份制

---

① 狭义上的国有企业（简称国企）是指目前由国资委监管的，存在于建筑业、工业和流通服务业等领域的国有企业；广义上的国有企业既包括狭义的国有企业，又包括银行业、传媒业等领域的国有企业。在本书中，如无特别说明，国有企业是指狭义上的国有企业；银行业的国有企业是指国有商业银行；国有传媒企业是指目前由宣传部、国资委等多个部门监管的，存在于传媒业领域，从国有经营性文化单位转变而来的国有企业。

我国广电集团资本运作研究
Research on the Capital Operation of Broadcasting
and Television Group in China

改造，使国有资产成为价值化、证券化资本或可以按价值化、证券化操作的物化资本，为国有企业通过资本市场开展经营活动奠定基础；二是实现国有企业发展战略的操作①，主要是国有企业根据国有企业发展战略要求通过资本市场开展融资投资、兼并收购重组等活动。

（一）国有资产退出中小型企业

国有资产从小型企业和陷入破产困境的竞争性领域的中型企业撤离，这是实现我国国有资产资本化、证券化的前提。20 世纪 80 年代末以后，国家通过托管、出售变现、转让、资产互换等方式基本上实现了中小型企业的国有资产完全撤出。

（1）托管。政府委托优势企业对效益差的国有企业进行管理。在被托管国有企业产权不动的前提下，优势企业获得对被托管国有企业资源的实际控制权，向被国有托管企业输出管理、技术、营销渠道、品牌等，使被托管企业经营状况得到不同程度的改善，为撤出国有资产创造条件。

（2）出售变现。对不需要保留国有资产的竞争性领域国有中小企业，在资产评估的基础上，确定企业国有资产出售最低价格，通过公开竞争招标的办法拍卖企业国有资产获得现金，所得资金除用于解决职工养老、安置等问题外，全部投入地方公益性事业和基础设施方面的企业。

（3）转让。对不需要保留国有资产且不宜出售变现的国有中小企业，政府有条件地将其转让给非国有战略投资者，使企业恢复经营活力和职工就业稳定，获得税收收入。

（4）产权与债权互换。对不需要保留国有资产且债务负担较重的国有

---

① 在企业经营管理活动中，资本运作（资本运营）、资产运营、产品运营三者统一于实现企业利润最大化或价值最大化的目标，都是企业资源配置的一种形态。三者的区别在于，资本运作（资本运营）侧重于创造价值和资本增值，依托外部资本市场和并购重组等方式，是企业宏观层面的运作；资产运营侧重于提高效率和降低风险，依托内部经营管理、结构调整和规模化等方式，是企业中观层面的运作；产品运营侧重于产品（商品）本身的质量提升、成本降低和利润增加，依托发明创造、技术革新和营销手段，是企业微观层面的运作。参见文宗瑜、张晓杰：《企业战略与资本运营》（第二版），经济科学出版社，2012 年版。

中小企业，经过资产评估和多方协议，先将国有资产产权转让给非国有战略投资者，再将转让所得部分或全部用于归还企业的欠款或银行负债，最终实现产权与债权互换。由于这类企业负债多数是对银行的负债，国有资产产权与银行债权互换不仅有利于多渠道帮助企业引入合格战略投资者，减轻企业负债，还有利于维护金融稳定和地方经济平稳运行。

（二）国有企业开展公司制、股份制改革

对保留国有资产的大中型企业进行公司制、股份制改革，这是国有资产资本化、证券化的基础工程，也是国有企业开展资本运作的基础。从 20 世纪 90 年代中期开始，我国有分类、有步骤、有重点地对国有企业进行了公司制、股份制改革，使单一投资主体的国有企业依法改组成国有独资公司，使多个投资主体的国有企业依法改组为有限责任公司或股份公司。截至目前，全国 90% 以上的国有企业完成了公司制股份制改革，主要开展了以下 9 个方面的工作。

（1）明确国有资产投资主体。规定国有投资者的资产收益权、重大问题决策权、选择任用经营者等权利，以及对企业债务的有限责任，与政府之间建立被投资者与投资者的关系。

（2）清产核资、界定产权。明确企业法人财产权，使企业成为享有民事权利、承担民事责任的独立的法人实体。

（3）建立股东会、董事会、监事会和经理层。规定各权力机构的责任与义务，使各权力机构之间初步形成各自独立、权责明确、相互制衡而又相互协调的关系。

（4）完善管理制度。把改制、改组、改建和加强管理结合起来，实施综合治理，推进技术创新，改革劳动、人事、分配制度，精简管理机构和管理人员。

（5）国家给予优惠政策。降低企业债务负担，增加资本金，扩大技改投资，开展兼并重组，分流富余人员。

（6）组建大型企业集团。国家撤销各个行业主管部门，将各个行业的

我国广电集团资本运作研究
Research on the Capital Operation of Broadcasting
and Television Group in China

国有企业捆绑打包，组建成一家或几家企业集团，由国有资产管理机构来统一管理各个国有企业集团；或者，国家以某个大型企业为核心，将一些国有企业划归进行管理，从而形成由企业来管理企业的层级制法人企业联合体。

（7）国有资产股份化。2005年以前，国有资产股份化实行双轨制，即国有企业改制为股份制企业上市后，增发的股份是流通股（可以在股市中交易），原来的资产虽然折为股份但不上市、不流通，流通股与非流通股并存；2005年以后，国家实施股权分置改革，把国有企业股份制的双轨制变成单轨制，使流通股与非流通股的分置改为全流通股①。

（8）企业重组上市。一种方法是国有企业实行"整体上市"，即先采用分拆、退休、介绍就业等方式对非核心资产和多余人员进行处理，然后对核心资产进行重组、首发（IPO）和上市（listing）；另一种方法是国有企业实行"剥离上市"，即将核心资产从原有企业中剥离出来，进行重组、首发和上市，而将非核心资产、不良债权、富余人员等保留在原有企业中，以保证新设立的企业在账面上有良好的财务业绩并确保上市成功②。总体上，我国国有企业的重组上市多半采用了"剥离上市"的办法，不过，2006年后，国务院国资委开始积极推动中央企业整体上市。

（9）完善公司治理。修订完善公司章程；规范国有独资公司的董事会制度，进行董事会试点，推行外部的董事制度和员工董事制度；进一步健全公司法人治理结构。今后，国家将继续推动具备条件的国有大型企业实现整体上市或主营业务上市，不具备整体上市条件的要加快股权多元化改革，有必要保持国有独资经营的也要加快公司制改革。

---

① 厉以宁：《中国股份制改革的回顾与前瞻》，范永进、朱瑶翠、曹俊：《经济体制改革和股份制实践》，上海社会科学院出版社，2012年版。

② 1998年以后的国有大中型的公司化改制，大体包含了政企职责分离、打破垄断促进竞争、企业重组上市这三个互相衔接的步骤。吴敬琏：《国有企业的公司化》，范永进、朱瑶翠、曹俊：《经济体制改革和股份制实践》，上海社会科学院出版社，2012年版。

（三）建立国有资本运作的市场主体

这是我国国企国资改革的新突破、新方向。按照中共十八届三中全会通过的《中共中央关于全面深化改革若干重大问题的决定》要求，今后我国将以管资本为主加强国有资产监管，改革国有资本授权经营体制，组建若干国有资本运营公司，支持有条件的国有企业改组为国有资本投资公司。组建国有资本运营公司或投资公司是我国推动国有资产监管机构从"管国有企业为主"向"管国有资本为主"转变的重大举措，将搭建起国有资本运作的市场主体，弥补以往国有资本运作中存在的行政干预过度、各自为政等不足，使国有资本运作更加市场化、规范化、系统化。目前，中央和地方的国有资产监管部门正在认真落实中央的要求，积极筹建国有资本运营公司或国有资本投资公司，制订实施相关方案。虽然目前还处于探索建立的初始阶段，但可以预见，国有资本运营公司或国有资本投资公司的发展定位和发展路径必将对国有独资企业、国有控股或参股企业的资本运作产生重大影响。

在探索建立的初始阶段，人们已经认识到了国有资本运营公司和国有资本投资公司的相似与区别之处[①]。相似之处在于，两者都是国家授权经营国有资本的公司制企业，都是国有资产的直接出资人代表，持有现有国有企业股权，替代国资委行使出资人的职责；都是国资委制定的国有资本战略和国有资本经营预算的实施载体，都以国有资本的保值增值为目标；在投资管理、公司治理、职业经理人管理、管控模式、考核分配等方面，都将更加市场化，都将更加充分体现国有经济的活力、控制力和影响力；都是涉及国家安全的重要机构，都将采用国有独资的形式。区别之处在于：

（1）对象不同。国有资本运营公司以资本运营为主，运营的对象是持

[①] 闵乐、马刚:《国有资本的运营公司与投资公司有何不同?》,《现代国企研究》,2014 年第 5 期。

我国广电集团资本运作研究
Research on the Capital Operation of Broadcasting
and Television Group in China

有的国有资本（股本），包括国有企业的产权和公司制企业中的国有股权。国有资本投资公司以产业资本投资为主，主要是投资实业，以投资融资和项目建设为主。

（2）目标不同。国有资本运营公司侧重改善国有资本的分布结构和质量效益，强调资金的周转循环、追求资本在运作中增值；通过国有资本的运营，重塑科学合理的行业结构与企业运营架构，提高资源配置效率。国有资本投资公司着力培育产业竞争力，重点是要解决国民经济的布局结构调整；通过资本投资而不是行政权力保持对某些产业和企业的控制力，实现政府的特定目标。

（3）方式不同。国有资本运营公司的经营方式包括兼并或分立，成立合资公司、公司制改建、培育上市公司、产权转让置换等。国有资本运营公司是纯粹控股企业，不从事具体的产品经营，主要开展股权运营，行使股权管理权利，在资本市场通过资本运作有效组合配置国有资本。国有资本投资公司通过投资事业拥有股权，对持有资产进行经营和管理。国有资本投资公司通过产业资本与金融资本的融合，提高国有资本流动性，开展资本运作、进行企业重组、兼并与收购等。

（4）作用不同。国有资本运营公司的功能和作用是推动国有资本合理流动，重塑有效的行业结构和企业运营架构，避免重复建设、恶性竞争，切实提高资源配置效率，促进关涉国家安全、国民经济命脉等混合所有制企业的发展壮大。国有资本投资公司的功能和作用是促进企业技术创新、管理创新、商业模式创新等，提高国有资本流动性，更好地发挥国有资本的带动作用，将若干支柱产业和高科技产业打造成为优强民族产业。国有资本运营公司侧重于发挥市场机制的作用，要推动国有资产实现形式由实物形态的"企业"，转变为价值形态的资本，包括证券化的资本；要促进国有资本在资本市场上的流动，使国有经济布局和功能可以灵活调整，利用市场的力量让资本流动到最能发挥作用的地方，使国有资本发挥更有效的作用；要将国家所有实物形态的国有资产转换成可以用财务指标清晰界定、计量并具有良好流动性、可进入市场运作的国有资本，从而使"半政府工具，半市场主体"状态的国有企业，成为平等的市场竞争的参与者。国有资本投资公司侧重于弥补市场失灵，主要适用于信息不对称和自然垄断的领域、市场无力或不愿意投资但对于国民经济又特别重要的领域、关系国家安全和国民经济命脉的领域；要根据政策性目标进行产业类投资，根据政府意图引导实体经济运行，实现减少社会不公、促进区域协调发展等特殊的公共目标。

（四）国有企业开展融资投资、并购重组

这是微观层面的资本运作，属于资本运作的狭义范畴。这是在市场经济的基础性作用基本形成的条件下（即企业微观改革基本完成，资本市场发育基本成熟，政府市场监管与宏观调控基本建立在市场经济运行基础之上），经过公司制股份制改革的国有企业按照企业发展战略要求利用资本市场等渠道开展的活动。2005年股权分置改革以来，许多国有企业积极利用包括资本市场在内的途径开展融资投资、并购重组等活动，其中，2006~2010年，中央国有企业并购重组各类企业达2200多家[1]。

（1）融资。这是指国有企业利用银行中长期信贷市场、有价证券市场（股票市场和债券市场）等资本市场来融通资金，分为股权融资、债务融资和其他融资。股权融资是国有企业利用证券交易所、产权交易所、证券公司柜台市场等股票市场来融通资金，是国有企业主要融资方式之一，包括增资扩股、发行股票、配股、债转股等；上市融资和上市后再融资是我国国有企业股权融资的主要方式[2]。债务融资是国有企业利用银行中长期信贷市场、债券市场来融通资金，包括银行信贷、企业债券和过桥贷款等；银行信贷是我国国有企业最普遍的债务融资方式，企业债券是

---

① 邵宁：《在中央企业内部资源整合经验交流与培训会上的讲话》，白英姿：《中央企业并购整合案例精选》，中国经济出版社，2013年版。

② 按企业发展进程的不同阶段划分，股权融资主要体现为创业期引进风险投资、成长期私募股权融资、上市融资和上市融资后再融资等方式。马瑞清、[澳] 安迪·莫（Andy Mo）、[澳] 珍妮丝·马：《企业融资与投资》，企业资本运营实务系列丛书，中国金融出版社，2011年版。

我国广电集团资本运作研究
Research on the Capital Operation of Broadcasting
and Television Group in China

近几年来发展最快的国有企业债务融资方式，过桥贷款是国有企业资本运作过程中用于弥补正式融资所需时间缺口的一种过渡性贷款。其他融资方式包括租赁融资等，租赁融资是集融资与融物、贸易与技术更新于一体的特殊的融资方式，近年来，我国租赁融资快速发展，工银、建银、交银等国有金融企业先后成立了金融租赁公司，一些国有工商企业开展了租赁融资活动。

（2）投资。这是指国有企业投入资金以期望未来获取收益的行为，按不同类型可划分为实体投资和金融投资（如股票、债券投资）、直接投资和间接投资、短期投资和长期投资、对内投资和对外投资。融资与投资是并存的，国有企业投资所需资金主要来源于企业的自有资金和企业融资，融资的目的是为了投资。随着我国资本市场发展，越来越多的国有企业利用资本市场来开展融资投资。

（3）并购重组。这是指国有企业为实现某种并购目的而开展的公司合并、资产收购、股权收购等活动。我国国有企业的并购重组不完全是通过资本市场来实施，以中央国有企业为例，并购重组大致可分为中央国有企业之间的战略性重组、中央国有企业的市场化对外并购、海外并购和内部资源整合①；我国国有企业的并购重组已经从企业自愿为主向出资人导向与企业自愿结合转变。今后，随着国有资本运作市场主体的建立健全，在国有资产监管部门指导下，国有资本运营公司或国有投资公司将更多参与国有企业并购重组，将更多地发挥资本市场在国有企业并购重组中的作用，将增强国有企业并购重组的规范程度和透明程度。

---

① 白英姿：《中央企业并购整合案例精选》，中国经济出版社，2013 年版。

二、转轨时期国有企业资本运作的作用

改革开放以来，我国国有企业长期处于体制转轨时期，先后经历了三个不同的改革发展历史阶段，目前正步入第四个历史阶段。伴随着我国国有企业改革发展，我国国有企业资本运作从无到有，逐渐成为促进国有经济与市场经济相结合和促进国有企业发展的重要途径或手段。

（一）国有企业改革发展历程

1. 1978~1998 年的国企改革

在这一时期，改革的主要任务是使国有企业摆脱指令性计划束缚而逐步走向市场。1978~1992 年，国家对国有企业进行扩大企业自主权、推行承包经营责任制、转换企业经营机制等改革。1993~1998 年，国家以理顺企业产权关系为核心选择 100 家国有企业进行现代企业制度试点；与此相伴，国家实施以"抓大放小"为特点的国有企业组织战略调整，通过包、租、卖、股份制改造等改革来放开、放活小企业，国家集中精力抓好大型骨干企业集团，通过对大型骨干企业进行公司制改造（组建国有独资公司），加快建立以资本为连接纽带的企业集团和母子公司体制①。1988~1998 年，我国还探索推进国有资产管理体制改革：在中央层面，1988 年组建国有资产管理局，1998 年撤销国有资产管理局；在地方层面，上海市、深圳市等则撤销各行业主管部门，把行业主管部门直接管理的国有企业捆绑打包组建若干家国有企业集团，然后再建立一个国有

---

① 组建企业集团就是以某个大型企业为核心，将一些国有企业划归它进行管理，从而形成由企业来管理企业的层级制法人企业联合体。1987 年，国家开始组建企业集团试点，此后，国家出台了鼓励企业集团发展的政策。1996 年，国有企业集团资产已经占全部国有企业总资产的 1/4。1998 年，国务院机构撤销管理国有企业的各行业主管部门，对每个行业的国有企业捆绑打包，组建一家或几家企业集团，至此，企业集团成为我国国有企业主要组织形式。

我国广电集团资本运作研究
Research on the Capital Operation of Broadcasting
and Television Group in China

资产管理机构，由它来统一管理各个国有企业集团，其职能包括任免企业领导人、批准重大投资项目、审批年度投资和经营预算等。

2. 1998~2002 年的国企改革

在这一时期，改革主要任务是使大中型国有企业"脱困建制"，推进国有企业战略性改组，从战略上调整国有经济布局。1998 年初，国务院总理朱镕基提出用三年左右的时间使大多数国有大中型亏损企业摆脱困境进而建立现代企业制度，为此，国家陆续实施一系列政策措施，主要有：一是债转股，剥离四大国有商业银行的不良资产给新成立的四家资产管理公司来管理和处置，对这部分不良资产所在的 580 户企业实施债权转股权；二是技改贴息，国家有计划分批安排 880 个技术改造项目，国家给予贴息 195 亿元；三是政策性关闭破产和下岗分流，在纺织、煤炭、有色、冶金、军工等行业批准一批兼并破产项目，核销超过 1200 亿元的银行呆坏账准备金，对企业冗员下岗分流；四是建立国有企业下岗职工基本生活保障及再就业制度，改革职工养老保险制度、医疗保障制度、住房制度；五是对大型国有企业进行公司制股份制改造，对大多数的 520 户国家重点企业进行公司制改造，对宝钢、中石油等一批大型国有企业进行股份制改造，使上市重组成为国企改制的大方向；六是加强企业内部管理和企业领导班子建设。在扶持大中型国有企业脱困的同时，国家加快调整国有经济布局，使国有资本继续向重要行业和关键领域、大型重点企业集聚，使一般竞争性领域的国有经济比重明显下降而非公有制经济快速发展。

3. 2003~2013 年的国企改革

这一时期是国有企业的现代企业制度完善期，主要改革任务是建立健全国有资产管理和监督体制，继续调整国有经济布局和结构，推进垄断行业国有企业改革，探索建设国有资本经营预算制度，深化公司制股份制改革，完善公司法人治理结构。2003~2004 年中央和地方先后成立国资委，基本建立起"权利、义务和责任相统一"、"管资产和管人、管事相结合"、"政企分开、政资分开、所有权与经营权分开"的国有资产管理体制。2003 年以后，国家继续推动国有资本更多地向重要行业和关键领域、优势产业和优势企业、大公司大企业集团集中，使国有经济在一般竞争性行业中的比重快速下降，在支柱产业和战略性资源产业中的比重有所下降，在自然垄断、提供公共品和服务的行业和领域仍然占据着主导和控制地位[①]。随着国有经济布局与结构的调整，垄断行业日益成为国有经济最集中的行业和领域，中共十六大提出推进垄断行业改革之后，国家采取政企分开、企业分拆和业务重组、放宽市场准入、引入外资和国内民营资本、改革监管体制等措施推进电力、民航、电信、邮政、市政等垄断行业改革。随着国企改革深化和国有经济盈利能力显著提高，国家开始探索建立国有资本经营预算制度，2008 年 12 月国家根据行业类型明确中央本级国有独资企业上缴年度净利润的比例标准，此后，各地也根据本地实际明确本级国有独资企业上缴标准。2003~2007 年，国家加快相对滞后的中央企业改制步伐，中央企业及所属子企业的公司制股份制户数比重迅速从 2002 年的 30% 提高到近 2007 年的 70%[②]；国家还采取措施推进、规范国有企业产权改革。在中央和地方共同努力下，20 世纪 90 年代后期至 2004 年成为我国国有企业改制的高峰期，截至 2013 年底，全国 90% 以上的国有企业完成了公司制股份制改革[③]。国有企业制度转为公司制股份制后，内部改革重点转向完善公司治理结构和转变企业运行机制，2004 年国家决定进行国有独资公司董事会试点，经过多年努力，试点企业初步形成了董事会决策的、经理层执行的公司运行机制，初步建立起出资人、董事会、监事会、经理层各负其责，协调运转、有效制衡的法人治理机制。

4. 2014~2020 年的国企改革

中共十八届三中全会之后，我国国有企业改革进入了新的历史阶段。

① 金碚等：《中国国有企业发展道路》，经济管理出版社，2013 年版。
② 吕政、黄速建：《中国国有企业改革 30 年研究》，经济管理出版社，2008 年版。
③ 苗圩：《推动国有企业完善现代企业制度》，选自《中共中央关于全面深化改革若干重大问题的决定》辅导读本，人民出版社，2013 年版。

我国广电集团资本运作研究
Research on the Capital Operation of Broadcasting
and Television Group in China

按照中央对国企改革的战略部署，这一时期国企改革重心是继续完善现代企业制度，主要任务是准确界定不同国有企业功能、健全公司法人治理结构、完善国有资产管理体制、推动国有经济战略布局调整、建立现代人力资源管理体系、推进国有企业更好履行社会责任。

（1）国家将准确界定不同国有企业功能，按照提供公益性产品或服务的企业、国有资本继续控股经营的自然垄断行业的企业、一般性竞争领域的国有企业等三种类别实施分类改革监管。对提供公益性产品或服务的企业，国家将加大国有资本投入，同时进一步规范公司治理；对国有资本继续控股经营的自然垄断行业的企业，国家将实行政企分开、政资分开、特许经营、政府监管为主要内容的改革，将破除行政垄断；对一般性竞争领域的国有企业，国家将依托资本市场，推进公众公司改革，鼓励战略投资者参与国有企业改组改造，实现国有资产资本化，提高国有资本流动性。

（2）国家将健全协调运转、有效制衡的公司法人治理结构，继续深化公司制股份制改革，推动具备条件的国有大型企业实现整体改制上市或主营业务上市，对不具备整体上市条件的将加快股权多元化改革，对有必要保持国家独资经营的也将加快公司制改革；继续推进规范董事会建设，完善外部董事选聘、培训、评价机制，严格董事履职责任，健全董事会运作机制，形成股东会、董事会、监事会、经理层各负其责、运转协调、有效制衡的机制；继续深化企业人事、用工、分配制度改革，建立长效激励约束机制。

（3）国家将完善国有资产管理体制，以管资本为主加强国有资产监管，大力推进国有资产资本化，改革国有资本授权经营体制，组建若干国有资本运营公司，支持有条件的国有企业改组为国有资本投资公司；继续推动经营性国有资产集中统一监管；继续完善国有资产监管机构和职能，以产权关系为纽带落实国有资产监管机构的各项法定职责，建立科学的企业业绩考核指标体系。

（4）国家将推动国有经济战略布局调整，使国有资本投资运营服务于国家战略目标，更多投向关系国家安全、国民经济命脉的重要行业和关键领域，重点提供公共服务、发展重要前瞻性战略性产业、保护生态环境、支持科技进步、保障国家安全；允许更多国有经济和其他所有制经济发展成为混合所有制经济，允许企业员工持股；推进国有企业重组和调整，引导国有企业突出主业，加大内部资源整合力度，采用多种方式剥离重组非主业资产；积极利用资本市场和产权市场，吸收民间资本和战略投资者参与国有企业改制改组。

（5）国家将完善国有资本经营预算制度，提高国有资本收益上缴公共财政比例，2020年提高到30%，更多用于保障和改善民生；划转部分国有资本充实社会保障基金。

（二）国有企业资本运作的作用

在国有企业改革大背景下，我国国有企业资本运作的作用主要体现在以下几点。

（1）通过国有资产资本化、证券化，促进混合所有制经济发展。在体制转轨时期，我国国有资产资本化、证券化属于广义的资本运作范畴，是宏观层面国有资本运作的结果。我国国有资产资本化是国企改革历程中最为关键的阶段，是国企改革进入公司制、股份制改造阶段后逐渐形成的。经过公司制、股份制改造，国有企业所拥有的实物资产、货币资产转换为国有公司的股权，国有资产转化为具有市场价值、产权清晰、可流通或交易、能够在市场运营中创造新的市场价值的"资本"，国有企业转成具有独立法人资格的经济实体和市场主体，国家从拥有、管理和控制国有企业转向拥有、经营和运作国有资本。我国国有资产证券化建立在国有资产资本化的基础上，是已经实现资本化的国有资产上市，在资本市场上流通[1]。通过国有资产证券化，国有资产得到相对真实的表

---

① 上海国有资本运营研究院课题组：《加快推进上海市属国资国企证券化、资本化研究》，《上海行政学院学报》，2013年第1期。

我国广电集团资本运作研究
Research on the Capital Operation of Broadcasting
and Television Group in China

现，国有资产更容易流转，国有资产整体运营效率更高。截至目前，我国建筑业、工商业、金融业的国有资产资本化基本完成，其中相当一部分的国有资本实现了证券化；文化领域国有资产资本化已经开启。我国国有资产资本化、证券化已经大大促进了混合所有制经济的发展[①]，使其成为社会主义市场经济的重要微观主体。未来几年，我国将继续深入推进国有资产资本化、证券化进程，进一步促进国有资本、集体资本、非公有资本等交叉持股、相互融合的混合所有制经济加快发展。

（2）通过国有资本合理流动，促进国有经济战略布局调整和国民经济产业格局调整。20 世纪 90 年代至 21 世纪初，在国有资产资本化、证券化基础上，我国探索利用证券交易市场、产权交易市场等渠道开展出售变现、兼并收购、资产剥离、股权转让等资本运作，初步形成了相对合理的国有资本流动机制，不仅在国有经济战略布局调整过程中尽可能地避免了大规模国有资产流失，最大限度地实现了国有资产保值、增值，还推动了国有资本从一般竞争领域退出并向重要行业关键领域、优势产业优势企业、大公司大企业集团集中。目前，中央国有企业的国有资本的 75% 已经集中于军工、石油石化、电网电力、电信、煤炭、民航、航运 7 个重要行业和关键领域；中央国有企业进入《财富杂志》的世界 500 强名单数量从 2003 年的 6 家上升到 2013 年的 45 家。国有资本合理流动不仅推进了国有经济战略布局调整，还带动了国民经济产业格局的调整。有一些同行业中央国有企业的整合就是全国性的行业重组，例如，6 家中央电信企业重组整合为 3 家，使我国形成更为合理的电信产业格局。今后，国家将进一步完善国有资本合理流动机制，使国有资本投资运营服务于国家战略目标，更多投向关系国家安全、国民经济命脉的重要行业和关键领域，重点提供公共服务、发展重要前瞻性战略性产业、保护生

[①] 实际上，20 世纪 90 年代开始，我国实施允许国内民间资本和外资参与国有企业改组改革的政策，国有企业包括金融企业大量上市，大大促进了混合所有制经济的发展。参见张卓元：《混合所有制经济是基本经济制度的重要实现形式》，选自《中共中央关于全面深化改革若干重大问题的决定》辅导读本，人民出版社，2013 年版。

态环境、支持科技进步、保障国家安全①。

（3）通过股权多元化，促进国有企业建立现代企业制度。经过公司制、股份制改革，一大批国有企业改造成为股份制企业和上市企业，引入非国有资本，实现了股权多元化。在此基础上，多数上市国有企业建立了股东会、董事会、经理层和监事会等机构，搭建起公司治理的基本框架②，为国有企业建立现代企业制度奠定了基础。目前，公司法人治理结构问题仍然是国有企业现代企业制度建设的一个十分突出的问题③。今后几年，国家将深入推进产权多元化改革，以完善公司法人制度为基础推动国有企业完善现代企业制度，将坚持所有权和经营权分离原则，理顺出资人、决策人和经营管理人的关系，形成股东会、董事会、监事会、经理层各负其责、运转协调、有效制衡的公司法人治理结构④。

（4）通过完善管理方式，促进国有企业提高经营管理水平。我国国企改革的做法和特点之一是把国企改革与加强和完善企业管理结合起来进行⑤。在推进公司制股份制改革的同时，一批国有企业开展了狭义范畴的资本运作，进行了以实现资本增值为目的的经营管理活动。这些国有企业在比产品运营、资产运营更高的资本运营层面上开展经营管理，不仅扩大了企业规模，更为重要的是使企业内部资源结构和经营形态发生了重大变化：业务结构从单一向多元转变，业务链条从产业链的某个环节向上下游延伸，业务布局从局限于一个区域向全国乃至全球拓展，业务模式实现转型。在并购重组过程中，由于存在并购战略不清晰、选择并购目标偏离企业发展战略、并购操作时对形势把握不深入不充分、重并购轻重组等问题，一些国有企业并购活动没有取得成功，给国有企业开展并购重组活动造成负面影响。失败的教训促使国有企业家和国有资产

---

①④　苗圩：《推动国有企业完善现代企业制度》，选自《中共中央关于全面深化改革若干重大问题的决定》辅导读本，人民出版社，2013 年版。

②　吴敬琏：《国有企业的公司化》，参见范永进、朱瑶翠、曹俊：《经济体制改革和股份制实践》，上海社会科学院出版社，2012 年版。

③　李荣融：《遵循规律办企业》，中国经济出版社，2013 年版。

⑤　陈佳贵：《中国企业的改革、管理与发展》，中国社会科学出版社，2009 年版。

我国广电集团资本运作研究
Research on the Capital Operation of Broadcasting
and Television Group in China

监管者认真总结经验，努力提高包括资本运营在内的企业综合经营管理水平。

三、转轨时期我国国有企业资本运作案例

根据我国广电传媒业的特点和国有广电传媒企业改革发展趋势，本书选取电力、银行等行业，中国电信、中航工业、华润集团、中粮集团等国有企业进行案例分析。电力或银行是关系国民经济命脉和国家安全的重要行业或垄断性行业，也是国有资本布局的重点领域；中国电信是垄断性行业的国有骨干企业，中航工业是战略性高技术产业的国有骨干企业，华润集团和中粮集团是竞争性产业的国有骨干企业；中航工业、华润集团和中粮集团分别实施了专业化发展战略、多元化发展战略和全产业链发展战略，并在各自发展战略引领下开展了一系列资本运作。

（一）电力行业国有企业改革重组案例

1988 年以来的改革，特别是 2002 年以来的改革，使我国电力行业逐步实现了政企分离，行业监管体制和国有资产管理体制初步建立，企业产权结构、业务结构和组织结构不断优化①。在电力改革过程中，电力行业国有企业逐步实现了公司制股份制改革，顺利开展了一系列资产和业务重组。

1. 政企分离，建立监管体制

1988 年，水利电力部的电力政府职能划归新组建的能源部，直属电力企业由新组建的电力联合公司管理。1997 年，电力工业部承担的国有资产经营职能和企业经营管理职能移交国家电力公司，电力工业部继续

---

① 金碚等：《中国国有企业发展道路》，经济管理出版社，2013 年版。

行使电力工业的行政管理职能。1998 年，撤销电力工业部，组建国家经贸委电力司，国家电力公司承接了原电力部下属的五大区域集团公司、七个省公司和华能、葛洲坝两个直属集团。2000 年，国家经贸委决定调整地方电力行政管理职能和政企关系，将分散在各专业管理部门、行政性公司等单位的政府管电职能划入经济贸易委员会，彻底实行政企分开。2002 年，国家电力监管委员会成立。2008 年，设立国家能源委员会、国家能源局，负责电力（含核电）行业管理。国家能源局内设电力司，负责拟订火电、核电和电网有关发展规划、计划和政策并组织实施；承担电力体制改革有关工作；国家电力监管委员会负责全国电力监管职责共同管理；国家发改委负责电价制定和管理。

2. 重组企业组织结构和纵向关系

2002 年 4 月 12 日，国务院下发《电力体制改革方案》（国发〔2002〕5 号文件）。随后国家对电力行业的企业组织结构和纵向结构进行了重组：发电环节多家厂商并存，电网环节保持垄断结构；按照发电和电网业务拆分国家电力公司，实现厂网分离。在发电方面，将国家电力公司管理的电力资产直接改组或重组为规模大致相当的 5 个全国性的独立发电公司，逐步实行"竞价上网"。经过这次改革，中国电力产业发电企业形成了多个规模大、实力强的企业，它们分别是由国家电力公司发电资产重组形成的华能集团、大唐集团、华电集团、国电集团、中电投集团，原来独立于国电系统之外的国家开发投资公司、三峡总公司、国华电力公司，以及地方大型独立发电企业申能集团、深圳能源集团、广州控股等。在电网方面，成立国家电网公司和南方电网公司。国家电网公司作为原国家电力公司管理的电网资产出资人代表，按国有独资设置，在国家计划中实行单列。由国家电网公司负责组建华北、东北、西北、华东和华中 5 个区域电网有限责任公司或股份有限公司。经过此次改革，形成南北两家国家级电网公司的寡头垄断局面，同时电网公司仍拥有相当数量的电源。虽然电力组织结构和纵向关系的重组取得重大进展，但截至目前，2002 年《电力体制改革方案》规定的"厂网分开"、"竞价上网"、"输

我国广电集团资本运作研究
Research on the Capital Operation of Broadcasting
and Television Group in China

配分开"、"售电放开"这四步改革只完成了第一步①。今后，打破电力行业垄断的改革任务仍将十分繁重。

3. 产权多元化

通过产权多元化，形成符合行业技术经济特征和经济发展阶段要求的产权结构和治理结构是包括电力行业在内的我国垄断行业国有企业改革的重要内容。

（1）产权多元化历程。电力行业产权多元化的初始动因源于对建设资金的需求，通过建立电力建设基金、出售用电权和集资办电等实现了多渠道、多元化投资局面。1993年，电力工业部印发了《电力行业股份制企业试点暂行规定》，明确规定电网企业和发电企业都可以进行股份制改造，具备条件的经主管部门同意后，可以到国（境）外发行股票、债券；但电网公司实行股份制应以公有制为主体，保证电力集团公司、省区市电力公司在企业中的控股地位。1994年，山东华能发电股份有限公司股票在美国纽约证券交易所挂牌上市，成为我国首家去美国上市的大型电力企业，随后，又有一批发电企业在国内外上市。此后，2002年由国家电力公司改组设立的华能集团、大唐集团、华电集团、国电集团、中电投集团在子公司层面基本实现了产权多元化。

（2）公司制股份制改革。目前，电力行业国有企业已经完成公司制改革，形成集团公司、集团公司子公司和集团公司孙公司等层面，集团公司的股权结构基本上属于国有独资公司，集团公司的子公司多数是国有绝对控股公司。今后，在深化产权多元化的过程中，集团公司将继续保留国有独资公司体制；而集团公司的子公司和孙公司，特别是已经上市的公司，将逐步降低国有绝对控股比例，逐步改造成为相对控股公司。

（3）产权重组方式。理论上，电力行业国有企业产权重组主体可以发

---

① 经验表明，发电、输电、配电、售电这四个环节中，只有中间两个环节具有自然垄断的性质，国务院2002年下发的《电力体制改革方案》的思路就是把前后两个环节放开。目前，"厂网分开"、"竞价上网"、"输配分开"、"售电放开"这四步改革目前只完成了第一步。参见吴敬琏：《中国电力改革仅完成"四分之一"》，中国新闻网，2013年12月8日。

生在中央企业之间、中央企业和地方企业之间、中央企业与民营企业之间、中央企业与外资企业之间，但是垄断行业性质决定了，在实际操作中，电力行业国有企业产权重组的重要方式是中央企业与地方企业之间进行股权并购、股权置换、相互参股。此外，引入战略投资者也是一种重要的方式，即对发电等可竞争性环节，在保留国有控股前提下，国有电力企业出让、转售一部分国有股权给非国有经济和外资投资者，以实现改善经营管理、扩大市场等目的。

（4）改善公司治理。产权多元化要求建立与之相应的企业治理结构。跟其他垄断性行业的国有企业一样，我国电力行业国有企业的公司治理还存在不少问题，改善公司治理将是下一步改革的重点任务之一。

（二）国有商业银行股份制改革案例

我国国有独资商业银行的股份制改革始于 2002 年。2002 年召开的第二次全国金融工作会议指出，国有独资银行改革是中国金融体制改革的重中之重，改革方向是按现代金融企业的属性进行股份制改造。随后，人民银行明确国有独资商业银行综合改革的总体目标：把国有独资商业银行改造成治理结构完善、运行机制健全、经营目标明确、财务状况良好，主要资产负债管理指标居国际中等偏上水平，具有较强国际竞争力的现代大型商业银行；具体目标是大力降低不良贷款使资产大于负债，通过国家帮助和股份制改造使资本充足率达到 8% 以上，基本建立符合现代商业银行要求的经营货币企业法人治理结构和各种经营管理制度。2003 年底，国家成立中央汇金公司，通过汇金公司分别向建设银行和中国银行直接注资 225 亿美元，正式拉开国有商业银行股份制改革的序幕。2004 年 3 月，国家明确要以中国银行和中国建设银行股份制改造为试点，加快国有商业银行改革。根据中央统一部署，2004~2010 年，建设银行、中国银行、中国工商银行和中国农业银行先后完成股份制改造，相继在香港和内地上市，成为具有现代法人治理结构的股份制商业银行，实现了由国有独资银行向股份制商业银行的重大战略转型。国有独资商业银

我国广电集团资本运作研究
Research on the Capital Operation of Broadcasting
and Television Group in China

行的股份制改造大致经历了财务重组、组建股份有限公司、战略引资、发行上市等阶段[①]。

1. 财务重组阶段

财务重组是国有商业银行股份制改革的前提和基础，工、农、中建、交等五家银行分别根据各自的方案进行了财务重组。这些财务重组包括补充资本金，处置不良贷款，固定资产清查、确权与评估三个方面。在补充资本金提高资本充足率方面，通过中央汇金公司注资和发行次级债两种方式来实现；在处置不良贷款降低不良贷款率方面，通过运用自有资金核销不良贷款和出售不良贷款两种途径来完成。固定资产清查、确权、评估是整个改制过程中工作量最大、投入人力最多、所需时间最长的一项基础工作，是制约整个重组改制的关键，最终由各家银行根据各自情况来完成。

2. 组建股份有限公司

解决国有商业银行资本金不足和资产质量较低的问题为国有商业银行股份制改革创造了基本条件。在此基础上，除了交通银行本来就是股份有限公司之外，中国银行于 2004 年成立中国银行股份有限公司，建设银行于 2004 年成立中国建设银行股份有限公司，工商银行于 2005 年成立中国工商银行股份有限公司，农业银行于 2009 年成立中国农业银行股份有限公司；由中央汇金公司、财政部、国家电网公司、上海宝钢集团公司、中国长江电力股份有限公司等分别持有各家银行的相应股权。成立股份有限公司后，这些银行都建立了包括"三会一层"（股东会、董事会、监事会和高管层）的现代公司法人治理结构。

3. 战略引资阶段

引进战略投资不仅可以扩充资本实力，改善资本结构，还有利于转变经营管理理念，改善公司治理，使国有商业银行尽快与国际接轨，提高我国国有商业银行在国际市场上的竞争实力。工、农、中、建、交等

---

① 孔德昌：《国有商业银行股份制改革理论与实践》，经济科学出版社，2011 年版。

五家银行分别引进了各自的战略投资者。

（1）交行的战略引资。交通银行从 2001 年 6 月就着手引进战略投资者，最终于 2004 年 8 月与汇丰银行正式签署战略合作协议，根据协议，汇丰银行投资 144.61 亿元使其入股比例为 19.9%，成为仅次于财政部的第二大股东。

（2）建行的战略引资。建设银行和美洲银行于 2005 年 6 月签署关于战略投资与合作最终协议，美洲银行将分阶段对建行进行投资。按照中国建设银行和美洲银行的协议，美洲银行首期投资 25 亿美元购买中央汇金公司持有的建行股份，第二阶段在建行计划的海外首次公开发行时认购 5 亿美元的股份，最后可增持建行的股份至 19.9%；美洲银行在众多领域向建行提供战略性协助，包括公司治理、风险管理、信息技术、财务管理、人力资源管理、个人银行业务以及全球资金服务等；美洲银行在建行董事会中拥有席位，并向建行派遣大约 50 名员工在以上领域提供咨询服务。建行还于 2005 年 7 月与新加坡淡马锡公司签署投资入股协议，使其成为第二个战略投资者。根据建行与淡马锡的协议，淡马锡投资 14 亿美元从中央汇金公司购买建行 5.1% 的股权，并承诺在建行 IPO 时将投资不少于 10 亿美元购入建行股权。

（3）工行的战略引资。在战略引资前，工行就明确战略投资者的原则：符合工行长期发展战略，双方能够形成战略上的优势互补；在业务上与工行不存在明显的竞争关系，能够带来新的利润增长点；实力雄厚，信誉卓著；治理完善，内控健全；能够与工商银行建立长期、全面的战略合作关系。根据这一原则，工行最后选定高盛投资团（包括高盛集团、安联集团和美国运通）作为战略投资者。2006 年，工行与高盛投资团签署战略投资与合作协议，高盛投资团出资 37.8 亿美元购买工行新发行的股份，高盛集团、安联集团和美国运通的股份在工行新发行股份中的份额分别是 5.7506%、2.2452% 和 0.4454%，入股价是工行 2005 年底账面资产净值的 1.22 倍；高盛集团协助工行搭建规范的公司治理结构，完善风险管理与内部控制体系，提高工行在资金交易、资产管理、公司与投资

我国广电集团资本运作研究
Research on the Capital Operation of Broadcasting
and Television Group in China

银行业务、不良资产处置等领域的金融创新和产品开发能力；安联集团重点与工行在银行保险业务领域开展合作；美国运通深化与工行在联合发行信用卡方面的业务合作。2006 年 4 月，工行与高盛投资团完成资金交割，总投资约占工行总股份的 8.89%，工行由此初步确立多元化股权结构。

4. 发行上市阶段

前三个阶段为国有商业银行最终实现上市奠定了基础。2005~2010年，工、农、中、建、交五家银行陆续实现 A 股、H 股公开上市。2005年 6 月，交行在香港上市，成为在香港上市的第一家内地银行，这是我国国有商业银行股份制改革取得阶段性进展的重要里程碑；2007 年，交行回归 A 股。中行采取先 H 股后 A 股的发行计划，2006 年 6 月先在香港上市，同年 7 月再在上海上市。2006 年 10 月，工行在 A 股和 H 股同步同价发行，成为当时全球最大规模的发行项目，创造了多项资本市场第一。工、农、中、建、交五家银行发行上市为我国国有独资商业银行打造了一个长期的融资平台，推动改制银行建立更加完善、更加有效的公司治理和经营管理机制；五家银行都在香港上市，既有助于改制银行巩固财务重组和改革成果，也有助于建成国际化的商业银行。

（三）中国电信集团公司分板块改制上市案例

作为中国电信行业历次改革的母体，中国电信集团公司（简称中国电信）经历了优质资产的多次剥离，承担了行业改革中遗留的企业负债、离退休人员等大部分包袱，承接了大量辅业资产和低效资产。2000 年 5月正式成立后，中国电信集团先实施主辅分离，再推进主业整体上市，后推进辅业资产上市、非上市资产和业务有序退出，最终成功实现从行政性国有企业向现代企业的转变。中国电信分板块改制上市的主要做法有①：

---

① 国务院国资委产权管理局：《国资新局：企业国有产权管理经典案例 1》，中信出版社，2013 年版。

1. 主辅分离

中国电信研究制定主辅分离政策，由集团统一部署推进和规范主辅分离工作。在各省成立实业公司，将省以下各级公司的附属企业和单位（如工厂、工程公司、器材公司、设计单位、科研单位、邮电学校和邮电医院）、辅助部门（食堂、幼儿园、招待所、宾馆饭店、车队）、从通信运营核心企业中分离出来的营销或维护公司、自办的多种经营企业等划归实业公司管理。对各省实业公司的经营管理范围、资产状况、人员结构进行"拉网式"仔细调查，摸清庞大的辅业家底。实施人员分离，坚持"人随事走"原则，在职人员和离退休人员整建制划转；从通信运营核心企业划分到实业公司的员工与实业公司签订劳动合同，由实业公司按照国家规定为员工建立养老、失业、工伤、医疗等社会保障制度；根据需要从通信运营核心企业选派管理能力强的人员，充实到辅业企业中，形成一支能够带领企业不断发展的骨干队伍。规范清理自办多种经营企业，对资产质量较好、具备竞争力的企业，将其纳入辅业公司进行规范管理；对经营管理不善、长期亏损且扭亏无望、不符合辅业发展战略的企业，予以清算关闭。

2. 主业整体上市

鉴于各省主业发展不均衡和改制上市热情不一，中国电信于2002年9月设立中国电信股份有限公司，制定在香港和美国发行股票并分批上市的策略，将集团旗下21个省市中经营收入情况较好的上海、浙江、江苏、广东4个省市业务注入中国电信股份有限公司，作为首次上市的主体。2002年11月14日~15日，中国电信股份有限公司分别在纽约和香港分别上市，募资总额为111.8亿港元。2003~2004年，中国电信股份有限公司又分两次大规模注资，分别将6个省市和10个省市自治区的业务注入中国电信股份有限公司，使其经营地域扩大到20个省市区。配合2004年的注资，中国电信股份有限公司进行了股票增发，融资额度为17.25亿美元。通过在海外上市，实现股权多元化，中国电信引进了先进技术和管理经验，优化了内部法人治理结构，提高了国际市场竞争力，

我国广电集团资本运作研究
Research on the Capital Operation of Broadcasting
and Television Group in China

实现主业资产跨越式发展。

3. 辅业重点业务（电信运营服务业务）重组上市

在主业成功上市后，中国电信着手实施辅业"两重两非一不留"（辅业的重点发展地区和重点发展业务实现整合上市，非重点发展地区和非重点发展业务实现有序退出，不留实业存续）的发展战略。其意图是，把辅业建设成为生产型服务业类主导企业，形成集团公司控股主业和实业两家上市公司的新型运营架构，主辅业上市公司成为各自的市场主体，二者形成相互扶持、共同发展的战略合作伙伴关系。

（1）重组辅业业务。中国电信将辅业业务划分为重点业务和非重点业务，将具备核心竞争力的工程设计、施工与监理、增值电信业务、科研开发、电信设施维护等重点发展业务，按照板块结构的均衡合理性、板块内业务的关联性和有利于新业务培育成长的原则，整合为通信建设服务、外包服务和内容应用服务等三大业务板块，共计九大类型业务，并打包纳入拟上市公司。这些业务重组后，建立起向中国电信、中国联通等电信运营商提供一体化服务的商业模式，并与各大运营商共同创造价值。

（2）重组辅业资产。按照上市要求，中国电信统一部署，以各省二级专业公司为基础，对三级及三级以下相同或相近业务的企业实行兼并重组，取消三级及三级以下公司法人地位；以提高行业集中度为重点合并同类项，对各专业板块实施横向整合；注销地市级子公司，除省级子公司外，各省不再保留综合性管理类公司。经过重组整合，辅业企业法人数量由 2003 年的 1400 多家减少到 2007 年的 400 多家，其中 130 家纳入上市范围。

（3）人员重组。在坚持"能者上、庸者下"选人用人原则的同时，一方面是对多数电信辅业中层管理人员拉长板凳、增加职数，使大多数称职干部的切身利益不因为重组而受到过多损害；另一方面是对企业一般员工，实行竞争上岗，尽量吸纳现有人员，确保稳定。

（4）实行优者先行、分批上市。借鉴主业资产分批上市经验，中国电信团选取上海、浙江等 6 家基础良好、条件成熟、所处市场较有吸引力的省级辅业公司,按照上市要求进行资产及业务整合;在此基础上,由中国电信作为发起人,联合广东、浙江两省实业公司共同发起设立中国通信服务股份有限公司(简称中通服);中通服设立后,立即出资在上述 6 省成立全资子公司,然后由这 6 家子公司分别收购上述 6 省拟上市企业股权及少量单项资产;2006 年,经中国电信辅业改制而来的中通服在香港正式亮相。

(5)实施股权多元化。为突出电信辅业服务中立化的市场地位,开拓中国电信以外的市场,中国电信辅业上市筹备过程中,中国电信邀请中国移动、中国联通在不成为中通服关联企业的前提下,分别参股 9.31% 和 4.34%,使中通服实现股权多元化。

(6)推进公司治理国际化。中通服成立后,按照国际最佳公司治理结构指引,建立健全公司治理结构。中通服董事会同独立非执行董事、非执行董事和执行董事组成。独立非执行董事占董事会成员一半以上。公司董事会下设薪酬委员会等专门委员会,公司相关重大决策都要经过各专门委员会通过后提交董事会和股东会议决策。设公司董事长和首席执行官。

(7)关联交易规范化。中国电信既是中通服的控股股东又是最主要客户,来自中国电信的收入构成关联交易并构成中通服公司业务收入的重要组成部分。为规范操作,在业务上,中通服与中国电信均是以招投标等市场化方式进行合作,以持续性契约方式加以确定。中国电信下属的主业、辅业上市公司分别与中国电信签订交联交易协议,申请交联交易额度,确保交联交易规范透明,并分别提交控股股东放弃投票权的股东大会审议批准;中国电信下属的主业、辅业上市公司共同成立了由高级管理人员组成的关联交易协调委员会,委员会下设财务、法律、市场等部门人员组成的工作组,专门负责双方之间关联交易管理,确保关联交易规范操作。经过上述精心安排,2006 年 12 月 8 日,中通服在香港挂牌上市,共发行 H 股 14.8 亿股,占发行总股本的 27.27%,共融资 32.6 亿

我国广电集团资本运作研究
Research on the Capital Operation of Broadcasting
and Television Group in China

港元。首批 6 省市上市后，中国电信于 2006 年 12 月立即着手重组江苏、安徽等 13 个省市区的辅业重点业务资产，由中通服向中国电信收购这 13 个省市区的辅业重点业务资产，从而实现了中国电信辅业重点业务资产的整体上市。

4. 低效资产退出

重组上市和有序退出是中国电信实现辅业发展战略目标的两个方面。在实现优质辅业资产上市和酒店资产借壳上市（略）后，中国电信采取改制分流、分离移交、产权转让、清算关闭等多种方式，加快解决辅业公司冗员和非上市业务、资产的有序退出问题。在产权转让方面，中国电信统一组织拟处置产权批量进入产权交易所转让，2004~2012 年，集团所属对外投资完成各类进场交易项目 174 宗，实际成交价高于合计账面审计值，增值率达到 16.11%。

（四）中航工业集团公司专业化发展的并购重组案例

2008 年 11 月，中国航空工业第一集团、第二集团合并成立中国航空工业集团公司（以下简称"中航工业"）。合并后集团资产总额为 4000 亿元，人员 41 万，200 多家企事业单位，拥有一批分布在香港、上海和深圳等各证券市场的上市公司。由于两家航空工业集团的业务格局复杂、结构高度趋同，中航工业成立之初所面临的业务重组任务十分繁重，转型发展的道路任重道远。

中航工业成立后，提出要融入世界航空工业产业链，融入区域发展经济圈，努力实现集团核心竞争力从资本、管理、技术的老"三位一体"向品牌价值、商业模式、集成网络的新"三位一体"转型升级，大力推进"市场化改革、专业化整合、资本化运作、国际化开拓、产业化发展"，到 2017 年实现收入万亿元的奋斗目标。在这一战略思想指引下，中航工业形成了以下属上市公司为平台进行集团内部资源专业化整合的总体思路①。中航工业先将业务分为 15 个板块，设立 15 个分、子公司或事业部，在此基础上，再逐步理顺产权关系，利用现有境内上市公司资源，将业务分板块注入上市公司，形成机电系统、航电系统、通用飞机、直升机、防务、运输机、发动机、其他八大专业板块。在专业化整合中，中航工业灵活运用资产置换、反向收购、资产剥离等方式，发挥现有上市公司融资、重组整合功能，目前已经形成以资本为纽带的覆盖全价值链的产业发展格局②。其中，有代表性的整合有：

1. 航电与汽车板块

昌河股份是一家主要从事汽车整车生产的厂家，2007 年、2008 年合计亏损超过 10 亿元，面临着暂停股票交易甚至退市的风险，急需进行资产重组。在 2008 年的整合期间，国家有关部门提出中航工业放弃汽车整车业务，通过资产重组将汽车整车业务交给其他央企的整合思路。2008 年 6 月，ST 昌河停牌启动重组，用上海和兰州两家电器企业将昌河的汽车业务全部置换出来；2010 年 4 月，ST 昌河两次注资，中航工业、中航科工、中航电子系统公司将 6 家航空电子企业资产和股权以每股 7.59 元对价注入，2010 年 9 月 20 日，ST 昌河恢复交易，改名中航电子。ST 昌河重组成功后，中航工业从香港上市公司中航科工中置换出东安动力的全部股权，从中航科工中收购哈飞汽车股权。最后，中航工业把从这些上市公司拿出的整车业务，全部划转给兵器集团所属的长安汽车集团，换取长安汽车集团 23% 的股份，两个央企之间通过合资参股的形式进行资源整合。通过上述资产置换，中航工业下属的中航科工、中航电子成功转型为以航空为主业的公司；中航工业退出汽车整车业务后，其与航空工业技术相关、工艺相近的汽车电子、传动和转向系统业务不仅没有

---

① 根据这一思路，中航工业以西飞国际为平台，整合西安、沈阳和成都的民机制造力量，形成飞机资产运作平台；以力源液压为平台，整合燃气轮机等重机资产，打造重机资产运作平台；西航集团借壳 ST 吉生化，并作为航空发动机业务资产运作的核心平台；哈飞航空作为直升机研制资产的核心平台；以洪都航空作为通用飞机研制的核心平台；以中航光电公开上市作为光电连接器业务资产运作的核心平台。

② 白英姿：《中央企业并购整合案例精选》，中国经济出版社，2013 年版。

我国广电集团资本运作研究
Research on the Capital Operation of Broadcasting
and Television Group in China

受影响，反而获得了发展良机，例如，2010 年，中航工业收购美国耐世特汽车系统公司，因中航工业退出汽车整车领域，收购顺利通过美国反垄断审查。

2. 发动机板块

中国航空一、二集团合并前，各自拥有发动机业务的上市公司，分别为 ST 吉生化、成发科技和 ST 宇航，同业竞争十分严重。两个集团合并后，中航工业决定对 ST 宇航、ST 吉生化重组。

（1）ST 宇航重组。中航工业通过资产置换与定向增发，向 ST 宇航注入长航液控、贵州红林、西安西控、北京长空等公司与航空发动机控制系统相关的优质资产，使公司主营业务转变为航空发动机控制系统制造，成为中航工业旗下的航空发动机控制系统资产整合平台。

（2）ST 吉生化重组。完成 ST 宇航重组后，中航工业就着重推进下属西安航空发动机公司（简称西航）借壳 ST 吉生化上市（恢复上市交易后的股票简称改为"航空动力"）的工作，该上市方案包括资产出售、购买、定向发行等多个步骤。首先，ST 吉生化将全部经营性资产、负债和业务转让至中粮生化投资有限公司，中粮生化为此支付现金 6.5 亿元。其次，成为净壳的 ST 吉生化向西航购买其与航空发动机制造业务相关的经营性资产，该资产经过评估后为 17.4 亿元，ST 吉生化以现金加负债的方式支付转让价款，其中，现金支付 4.5 亿元，其余的生成 ST 吉生化向西航的负债。对于除现金以外的债权，ST 吉生化以向西航定向增发股份的方式支付。此外，西航集团还以 4.4 亿元现金购买 ST 吉生化的第一大股东——华润（生化）有限公司所有持有的 ST 吉生化 37.03% 的股份。最后，在完成这一系列操作后，由华润（生化）有限公司发出股改动议，西航代为履行义务，西航等非流通股股东向流通股股东每 10 股支付 0.5 股作为股改对价股份。实现借壳上市一年后，航空动力还成功融资 20 亿元；2010 年，航空动力再次重组，注入湖南株洲航空发动机公司和贵州黎阳航空发动机公司的相关资产和权益。从此，航空动力成为中国航空发动机制造上市龙头企业。

中航工业成立后的 3 年中，实施上市重组及再融资项目超过 30 项，近百家成员单位成为或注入上市公司，集团证券化率从 2009 年初的 15% 提高到 2011 年第一季度的 55%，打造了一批专业化上市公司，集团内部恶性竞争明显减少，产业集中度大幅度提高，市场竞争力显著增强。

（五）华润集团多元化发展的并购重组案例

20 世纪 90 年代末，华润（集团）有限公司（以下简称华润）在企业发展模式、组织架构、公司治理结构方面进行一系列重大改革，摆脱传统贸易公司特征。2001 年，华润确定了"集团多元化、利润中心专业化"的发展方向，提出"再造一个华润"的战略目标，大规模投资内地市场，业务板块有进有退，主营业务快速增长。经过 10 多年努力，华润已经形成了消费品（包括零售、啤酒、食品、饮料）、电力、地产、医药、水泥、燃气、金融为核心的 7 大业务板块，从贸易公司转型为实业化发展的多元化企业集团，综合实力、产业地位和发展能力大幅度提升。华润转型与发展取得成功的一个重要原因是并购重组，甚至可以说，成功的并购重组造就了华润的转型与发展。华润并购重组经验可总结为坚持"战略是导向、并购是手段、整合是重点、发展是目的"理念，主要做法有以下几点[①]。

1. 战略导向引领并购

华润的并购是在既定发展战略引领下有计划、有目的、有组织的行为。其战略要点主要内容有 5 点。

（1）集团多元化，业务专业化。在继承历史的基础上，华润将自身定位于多元化发展的企业，实施有限度的相关多元化，根据自身资源状况有所为、有所不为，关注各业务板块之间的协同关系，在集团层面形成多元化发展的业务格局。在具体业务层面，华润强调业务专业化，将直属企业定义为利润中心。利润中心是以盈利为目的的、创造价值的经营

---

① 白英姿：《中央企业并购整合案例精选》，中国经济出版社，2013 年版。

我国广电集团资本运作研究
Research on the Capital Operation of Broadcasting
and Television Group in China

单位；利润中心必须在行业竞争战略引导下开展专业化经营，通过专业化的团队、专业化的投资、专业化的管理，促进行业领导地位的形成。

（2）立足香港，面向内地。华润将区域发展战略由原来的"立足香港、背靠内地"发展，调整为"立足香港，面向内地"发展。华润决定抓住内地经济发展带来的重大机遇，主动融入内地市场，推动华润产业发展，建立行业地位。目前，内地业务的资产、营业额和经营利润在华润集团所占比重已经超过 90%。

（3）以行业为基础。华润的产业发展取向是做行业而不仅是做业务，要求所有并购活动围绕能否形成行业领导地位而考虑，有的业务虽然盈利不错，但如果没有广阔的成长空间，做不成行业前三名，就坚决不投资。根据这一思路，华润确定了消费品（零售、啤酒、食品、饮料）、医药等消费终端，以及水泥、电力等资源掌控型行业，作为华润的主业；同时，放弃了玉米深加工、餐饮、特殊钢、香港移动电话等行业成长空间有限的投资，将资源集中于产业链关键环节、高附加值区域。

（4）精选行业。华润通过战略研讨，确定行业选择的 7 项标准，这些标准符合华润的使命、企业定位、自身优势和国家产业政策。具体包括，选择自己所熟悉的行业，人口驱动型增长，有较高资金门槛，有条件成为行业领导者，符合国家产业政策、能依托良好的政府关系并能产生较好的社会效益，有能力与国际同行抗衡，能够发挥华润的行业协同能力等。华润还提出"微笑曲线"的行业取舍标准，即"主营业务逐步聚集于资源掌控型和消费终端型"。

（5）并购成长。在明确行业选择标准的基础上，华润在发展方式、发展途径、发展目标上通过战略研讨形成高度共识，即通过收购兼并，快速切入，快速扩张，建立行业领先地位。收购兼并可以使华润从无到有，快速进入目标行业，获取原材料、产能、市场、品牌、客户、人才资源；可以通过有效整合，提高行业集中度，形成区域乃至全国市场的竞争优势，降低供应链和管理成本，提高行业利润水平，可以通过快速扩张，形成规模经营，提高市场份额，实现行业的领导地位。

2. 灵活实施多元化并购

在清晰的战略方向引导下，2001 年以来华润开始实施大规模的并购。具体并购行为由华润集团总部协调推动，利润中心组织实施。在实施过程中，华润集团要求利润中心必须首先明确自身的发展战略，明确使命、愿景和战略目标，明确商业模式，并购项目必须与战略目标、商业模式有高度的一致性与匹配度，而不是以当时是否盈利为标准。由利润中心实施的多元化并购主要有以下三种类型：

（1）以占有市场资源为目的的并购，用于电力、燃气、水泥等业务的并购。例如，在电力业务并购方面，2001 年之前，华润仅持有江苏徐州彭城电厂 35% 的权益；2001~2003 年，华润把握电力体制改革的机遇，相继收购了广东沙角 C 电厂等内地多家外资在华电厂权益，华润电力达到上市规模后于 2003 年 11 月在香港上市；华润电力上市后，加大投资力度，通过收购兼并快速占领珠江三角洲、长江三角洲、京津唐地区和京铁路沿线一批重要电源点；2006 年后，华润电力通过收购相关权益进入风电、水电、核电等领域，并着手控制煤炭资源。

（2）以掌控消费终端为目的的并购，用于零售、啤酒、医药等业务的并购。例如，在零售业务方面，2002 年以前，华润超市一直采取自我滚动发展方式，经营规模不、发展速度慢、业态单一；2002 年，华润并购深圳万佳超市，获得发展平台；之后，按照全国发展、区域领先、多业态协同的战略，相继收购江苏苏果、宁波慈客隆、天津家世界、西安爱家、深圳民润等地区超市，在此基础上建立华南、华北、华中和香港 4 个区域性公司。在扩张中，华润通过对区域内网点资源的占有和供应链的有效整合，建立区域竞争优势，提高议价能力，降低了供应成本。经过持续并购，华润零售业务已经从香港走向内地，走向全国，形成便利店、标准超市、大卖场、高端店、区域购物中心、生鲜超市等多种业态组合，营业额连续多年保持中国连锁超市第一。

（3）以打造产融平台为目的的并购，用于地产、金融等业务的并购。例如，金融业务并购方面，华润希望以金融业务为纽带，使多元化企业

我国广电集团资本运作研究
Research on the Capital Operation of Broadcasting
and Television Group in China

中的各个产业形成有机联系，开展产融协同，建立产融一体化的模式。近年来，华润相继收购了深国投、珠海商业银行，于 2009 年 11 月成立华润金融控股，初步形成以银行、信托、基金、保险等组成的金融板块。

3. 注重有效整合

并购的成功关键在于有效整合。华润整合的重点包括战略、团队、管理、品牌、文化等方面：

（1）战略整合。华润整合的起点是战略和商业模式，这是团队、文化等整合的基础。要求被并购企业必须纳入华润整体发展战略，成为商业模式不可或缺的角色。对并购过来的企业，华润根据其所在战略业务单元的整体竞争战略，明确其自身定位和目标，围绕定位和目标调整业务，开展组织变革；随后的团队、品牌、产品、市场、供应链、IT 等各方面的整合，都必须服从和服务于新的定位、新的发展战略。在做法上，一般由华润集团总部、战略业务单元的战略管理部门与被并购企业管理团队组成战略规划小组，聘请外部顾问公司，一同编制战略规划，在企业形成共识后实施。

（2）团队整合。华润经过不断总结经验教训，确定团队整合要解决的两个关键问题是获取专业团队的人才资源和团队高度认同华润对该行业的战略意图。在通过并购形成专业化管理团队方面，华润主要做法是：选好领军人物，不仅能力要强，还要高度认同华润企业文化和价值观，管理风格符合华润要求，高度理解华润的产业发展意图并有能力去实现；用华润 12 条标准规范经理人行为，以业绩导向和为用人重要标准；要有包容文化，出身不分背景，加入不分先后。

（3）管理整合。华润集团总部围绕战略管控模式，确定了管战略、管政策、管团队、管资产、管审计、管重大法律事务、管信息化建设、管党建、管企业形象等职能。依据这些职能，华润制定了比较完善的制度、流程和操作手册，形成了一个完整的战略管理体系。并购后，华润迅速将制度和标准导入并购企业，并要求其部室机构设置与总部对接。在接管被并购企业后，要求被并购企业做好以下工作：通过战略分析提出战略定位，根据自身能力与资源确定阶段性战略目标；以阶段性战略目标为基础制订商业计划；以商业计划、全面预算和滚动预测来执行战略；以战略评价体系来促进战略执行。从多年并购经验看，被并购企业真正融入华润、认同华润文化、产生预期的战略价值，在很大程度上有赖于华润战略管理体系的实施。

4. 剥离与并购并举

华润在大规模开展并购的同时，坚持剥离与并购同等重要。在战略引领下，华润的业务布局有进有退。2001~2009 年，华润根据发展战略，对无法做到行业领先、与其他业务缺乏协同，而且不具有竞争优势的业务进行剥离，累计出售近 370 亿元约 36 项重要的非核心资产与业务，主要包括玉米深加工、成品油分销、万众电话、特殊钢、香港物业等业务，随业务剥离带走员工约 5 万人，套现资金用于发展消费品、燃气等主业。

（六）中粮集团完善产业链的并购重组案例

中粮集团从政策性外贸业务起步，大致经历了实业化战略转型、系统化战略思考和全产业链跨越发展三个阶段。1987~2005 年，中粮集团利用在粮油食品市场方面的传统优势，大力发展食用油、饮料、葡萄酒、麦芽、面粉、巧克力、金属包装等业务，使中粮集团由传统外贸代理公司转型为以实业为基础、综合化经营的公司。从 2005 开始，中粮集团按照"集团有限相关多元化、业务单元专业化"的发展战略，逐步将集团原有和并购的业务按照商业模式进行梳理，成立了九大具备各自竞争力特点的经营中心。2008 年后，中粮集团提出"全产业链粮油食品企业"的战略理念，大力发展从农产品原料到终端消费品的全产业链业务，包括种植、采购、贸易和物流、食品原料与饲料生产、养殖与肉类加工、食品制造与营销等业务。在战略转型过程中，中粮集团从研发、品牌、并购整合入手，持续构建新的业务和资产组合，不断丰富和强化粮油食品产业链。在并购重组方面，中粮集团主要从三个方面扩展和完善产业链：一是丰富和完善现有产业链；二是并购进入新的粮油食品行业；三

我国广电集团资本运作研究
Research on the Capital Operation of Broadcasting
and Television Group in China

是在"全产业链"战略指导下，调整中粮集团在全产业链上的业务结构，做大终端"出口"，引导产业链向附加值更高的环节倾斜[①]。

1. 完善优势产业链

在扩充原有产业品类的基础上，中粮集团通过并购整合，在一些原有产业上不断丰富产业链，填补产业链上的空缺，将并购进入的业务与原有业务进行有机对接和整合，创造出新的盈利模式。例如，2005 年以前，中粮集团在玉米这个大商品上基本只有断断续续的出口贸易业务。通过整合中谷、收购整合华润集团的玉米加工业务以及收购丰原生化，中粮在玉米贸易和加工领域形成完善的产品和区域布局，快速成长为玉米行业的领导者。再比如，中粮集团与中谷集团合并之前，中粮集团的粮食贸易业务主要包括小麦、稻谷、玉米等粮食和饲料原料的进出口，由于进出口受政策和经济运行波动影响较大，粮食进出口盈利总体不稳定；中谷集团的经营范围主要涉及粮油和饲料原料的国内贸易，油脂和饲料加工、仓储物流等，由于缺乏稳定客户，国内粮油和饲料贸易的盈利能力较低。2006 年，中粮集团对中谷集团进行并入式重组后，中粮集团及时提炼和总结出六结合的商业模式，即内贸与外贸结合，加工与流通相结合，贸易与物流、收储、营销体系相结合，现货与期货相结合，政策与市场相结合，收储与农业服务相结合。在这六结合引导下，中粮集团与中谷集团的全方位对接和整合取得显著成效，整合后第一年的粮油主营品种销售量就增长 42%，营业收入增长 50%。

2. 构建新业务产业链

通过并购培育新业务，也是中粮发展业务的策略之一。其中，并购新疆屯河，使中粮进入番茄加工和食糖加工行业，既丰富了业务品类也通过整合提升了业务价值。2004 年之前，中粮在番茄产业上只有少量的贸易业务——代理番茄酱出口。2004 年德隆危机全面爆发，使新疆屯河陷入困境，而新疆屯河的番茄加工产业与中粮集团的农产品加工主业高

[①] 白英姿：《中央企业并购整合案例精选》，中国经济出版社，2013 年版。

度契合并且中粮集团具有熟悉番茄酱国际市场优势，因此，在充分考虑投资风险的基础上，中粮集团迅速决策，按照市场化并购整合的原则，采取一系列针对性措施，成功接盘新疆屯河。进入新疆屯河后，中粮集团发现，屯河的问题不全是德隆危机造成的，更重要的问题是，屯河战略上的缺陷，经营上的粗放，管理上的漏洞，投资上的失误。经过研究，中粮屯河团队一方面在种植、采摘、运输等环节全面引导番茄产业升级，另一方面在市场开拓环节实施差异化战略，大力拓展高端客户，并按照高端客户全球化产品标准，重点建设以食品安全为主的质量管理体系。在调整战略的同时，中粮调整了新疆屯河的经营管理体系，推进中粮的6S 管理体系。中粮还为新疆屯河注入相关食品加工及贸易业务，整合新疆屯河加工制造能力与中粮贸易能力，使新疆屯河迅速做到国内农业食品类细分行业上市公司的第一名。从中粮开始管理后，屯河公司业务发生了脱胎换骨的变化，经营业绩不断提升，从 2005 年的亏损 7.2 亿元扭亏为盈，2008 年实现利润 3.19 亿元；屯河公司的市值从不足 13 亿元上升到 2009 年的 130 多亿元。

3. 强化产业链终端

在总结多年并购重组经验基础上，中粮确立了资源配置的原则。即一要符合市场和消费者需求，重点配置于规模大、关系国计民生、具备较好产业基础、能受益于消费增长或升级、有良好盈利性、为上游提供更大"出口"的产业；二要有利于关键能力的培养和对产业链关键环节的控制，有利于提升产业链整体竞争力；三要推动各业务价值链前移，向下游发展，扩大附加值更高的终端消费品比重。根据这些原则和产业布局实际情况，中粮集团决定收购蒙牛乳业的控股权。在具体操作上，中粮集团与厚朴基金合作，分别以 70% 和 30% 的出资比例组建特殊目的公司（SPV）；SPV 与蒙牛乳业达成新股认购协议，与金牛、银牛和老牛达成现有股份转让协议，最终取得蒙牛乳业约 20.03% 的股权。中粮集团与厚朴基金通过 SPV 直接或间接持有蒙牛乳业的股权，成为其第一大股东，实现对蒙牛乳业的并购。在并购前，蒙牛从中粮购买糖和 DDGS 饲

我国广电集团资本运作研究
Research on the Capital Operation of Broadcasting
and Television Group in China

料等产品作为原料，中粮从蒙牛购买奶粉等产品作为原料，双方有一定的合作。并购重组后，蒙牛成为中粮更多食品原料、食品添加剂、饲料和饲料添加剂等产品的"出口"，中粮也成为蒙牛奶粉等产品的更大"出口"。入股蒙牛，帮助中粮做大下游品牌"出口"，通过下游"出口"发展拉动了中粮整个产业链的增长。

四、对广电集团资本运作的启示

对于处于体制转轨、发展转型的广电集团，我国国有企业（国有商业银行）资本运作有以下几点启示。

（一）正确认识转轨时期资本运作的作用

对于处于转轨时期的企业来说，资本运作一方面有助于建立起现代企业制度，改善经营管理水平，提高市场竞争力，实现企业发展战略目标；另一方面它毕竟是一种经营管理手段或工具，如果运用不当，就会给企业发展造成重大负面影响。对广电集团来说，应该先解决"想干什么？"的问题（即发展战略定位问题），再解决"能干什么？"的问题（即现有资源、主业辅业、体制机制等方面能力问题），最后才是解决"怎么干？"的问题（即如何运用资本运作等经营管理手段的问题）。

（二）充分认识转轨时期资本运作主要内容

（1）改制是资本运作的前提。转轨时期我国改革发展实践证明：公司制股份制改革使计划经济体制下的企业（银行）转变为基本符合市场经济要求的市场微观主体，为改制后的国有企业（国有商业银行）进行上市融资投资、并购重组奠定了基础，使国有企业具备了在比产品经营、资产经营更高层面上开展资本经营的条件。近几年来，广电集团探索开展资本运作，使下属个别企业成功实现上市，但下属企业上市后却出现了问题：广电集团对上市子公司的管控水平远不及国有企业集团对上市子公司的管控，广电集团上市子公司没有成为实施广电集团发展战略的资本运作平台（这不同于案例中的国有企业下属上市子公司）。问题的根本原因在于广电集团与子公司在制度上有难调和的冲突，广电集团是事业单位而子公司是实行现代企业制度的企业。国有企业（国有商业银行）的实践经验和广电集团资本运作出现的问题说明，如果广电集团要进行资本运作并实现资本运作的目的，就绕不开整体改制成为符合市场经济要求的市场微观主体，就离不开公司制股份制改革。通俗地说，在市场经济中，资本运作就像是一把锋利的刀，拿不起刀或不会用刀的人耍刀，结果往往是割伤自己，不具备拿刀的资格，最好别玩资本运作。

（2）认真借鉴垄断行业的公司制股份制改革经验。基于广电行业性质，广电集团的改制方向应该是国有传媒企业集团，改制的方式方法可以充分借鉴电力等垄断行业国有企业公司股份制改革经验，在集团公司层面转制成为国有独资公司，下属公司成为国有控股参股。在这一大框架下，根据广电行业运营实际，对集团总部职能机构、各子公司的设立进行细化。

（3）在企业发展战略引领下进行资本运作。案例中的国有企业（国有商业银行）的资本运作都是在发展战略引领下进行的。企业发展战略包括有专业化发展战略、多元化发展战略、全产业链发展战略。发展战略定位问题也是广电集团资本运作必须面对的问题。在此基础上，再解决具体操作方面的问题。例如，在融资方面，整体上市还是非整体上市？引进战略投资者的标准是什么；在投资方面，是实体投资（项目投资）还是股权投资；在并购重组方面，是否可以进行跨行业跨地区并购重组？是横向并购还是纵向并购？

本章运用 SWOT 分析方法，借鉴国企改革与资本运作经验，以深圳广电集团为例，深入研究广电集团资本运作的优势与劣势、机会与挑战，进而提出我国广电集团资本运作的对策建议。

一、关于 SWOT 分析

SWOT（Strengths Weakness Opportunity Threats）分析法又称为态势分析法或优劣势分析法，它通过调查列举出与研究对象密切相关的自身竞争优势与劣势、外部机会与挑战等，并依照矩阵形式排列，然后用系统分析的思想，把各种因素相互匹配起来加以分析，从中得出一系列相应结论。SWOT 分析法分析直观、使用简单，可用于确定企业的竞争优势（Strength）、竞争劣势（Weakness）、机会（Opportunity）和挑战（Threat），可将公司的战略与公司内部资源、外部环境有机地结合起来，常常被用于制定企业发展战略和分析竞争对手情况，是企业战略分析最常用的方法之一。不过，由于 SWOT 分析采用定性方法，通过罗列 S、W、O、T 的各种表现，形成一种模糊的企业竞争地位描述，以此为依据作出的判断，不可避免地带有一定程度的主观臆断，所以，在使用 SWOT 方法时

我国广电集团资本运作研究
Research on the Capital Operation of Broadcasting
and Television Group in China

往往要注意方法的局限性，在罗列作为判断依据的事实时，要尽量真实、客观、精确，并提供一定的定量数据弥补 SWOT 定性分析的不足。SWOT 分析主要包括以下三个方面的内容：

（一）分析环境因素

运用各种调查研究方法，分析出企业所处的各种环境因素，即外部环境因素和自身能力因素。外部环境因素包括机会因素和威胁因素，它们是外部环境对企业发展直接产生影响的有利和不利因素，属于客观因素。自身能力因素包括优势因素和劣势因素，它们是企业发展过程中自身存在的积极和消极因素，属主动因素。在调查分析这些因素时，不仅要考虑到历史与现状，而且更要考虑未来发展问题。

优势（Strength），是组织机构的内部因素，具体包括：有利的竞争态势；充足的财政来源；良好的企业形象；技术力量；规模经济；产品质量；市场份额；成本优势；广告攻势等。

劣势（Weakness），也是组织机构的内部因素，具体包括：设备老化；管理混乱；缺少关键技术；研究开发落后；资金短缺；经营不善；产品积压；竞争力差等。

机会（Opportunity），是组织机构的外部因素，具体包括：新产品；新市场；新需求；外国市场壁垒解除；竞争对手失误等。

挑战或威胁（Threat），也是组织机构的外部因素，具体包括：新的竞争对手；替代产品增多；市场紧缩；行业政策变化；经济衰退；客户偏好改变；突发事件等。

（二）构造 SWOT 矩阵

根据轻重缓急或影响程度对调查得出的各种因素进行排序，构造 SWOT 矩阵。在这一过程中，先排列出对企业发展有直接的、重要的、大量的、迫切的、久远的影响因素，然后再排列出间接的、次要的、少许的、不急的、短暂的影响因素。再将这些因素进行组合，形成四种不同类型的组合：优势—机会（SO）组合、弱点—机会（WO）组合、优势—威胁（ST）组合和弱点—威胁（WT）组合，从而相应形成四种战略（见图 8-1）。

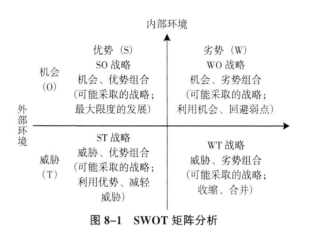

图 8-1 SWOT 矩阵分析

（1）优势—机会（SO）组合。优势—机会（SO）战略是一种发展企业内部优势与利用外部机会的战略，是一种理想的战略模式。当企业具有特定方面的优势，而外部环境又为发挥这种优势提供有利机会时，可以采取该战略。例如良好的产品市场前景、供应商规模扩大和竞争对手有财务危机等外部条件，配以企业市场份额提高等内在优势可成为企业收购竞争对手、扩大生产规模的有利条件。

（2）弱点—机会（WO）组合。弱点—机会（WO）战略是利用外部机会来弥补内部弱点，使企业改劣势而获取优势的战略。虽然存在外部机会，但由于企业存在一些内部弱点而妨碍其利用机会，可采取措施先克服这些弱点。通过克服这些弱点，企业可能进一步利用各种外部机会，降低成本，取得成本优势，最终赢得竞争优势。

（3）优势—威胁（ST）组合。优势—威胁（ST）战略是指企业利用自身优势，回避或减轻外部威胁所造成的影响。如竞争对手利用新技术大幅度降低成本，给企业很大成本压力；同时材料供应紧张，其价格可能上涨；消费者要求大幅度提高产品质量；企业还要支付高额环保成本，

我国广电集团资本运作研究
Research on the Capital Operation of Broadcasting
and Television Group in China

等等，这些都会导致企业成本状况进一步恶化，使之在竞争中处于非常不利的地位，但若企业拥有充足的现金、熟练的技术工人和较强的产品开发能力，便可利用这些优势开发新工艺，简化生产工艺过程，提高原材料利用率，从而降低材料消耗和生产成本。

（4）弱点—威胁（WT）组合。弱点—威胁（WT）战略是一种旨在减少内部弱点，回避外部环境威胁的防御性技术。当企业存在内忧外患时，往往面临生存危机，降低成本也许成为改变劣势的主要措施。当企业成本状况恶化，原材料供应不足，生产能力不够，无法实现规模效益，且设备老化，使企业在成本方面难以有大作为，这时将迫使企业采取目标聚集战略或差异化战略，以回避成本方面的劣势，并回避成本原因带来的威胁。

（三）制订行动计划

完成环境因素分析和 SWOT 矩阵构造以后，就制订出相应的行动计划。制订计划的基本思路是：发挥优势因素、克服弱点因素、利用机会因素、化解威胁因素；考虑过去、立足当前、着眼未来。运用系统分析的综合分析方法，将排列与考虑的各种环境因素相互匹配起来加以组合，得出一系列企业未来发展的可选择对策。

二、深圳广电集团资本运作的优势与劣势、机会与挑战

深圳广播电影电视集团成立于 2004 年 6 月 28 日，是一家拥有 11 个电视频道、5 套广播频率和电影制片厂、电视剧制作公司、广播电视传输中心、有线电视传输网络、移动电视、DV 电视、手机电视、宽带接入、新媒体网站等多种业态的综合性传媒集团。近几年来，在全国 48 个城市省级卫视排名中，深圳广电集团下属的深圳卫视稳居前十位；深圳广电

集团已经形成广告、网络传输与服务、新技术新业务、内容等产业板块，拥有员工 6000 余人，2013 年的总收入为 44 亿元，2013 年的总资产为 73.8 亿元。由于深圳广电集团是事业集团而不是企业集团，因此，按照有关规定，深圳广电集团不能在资本市场上直接开展资本运作，只能以下属企业（上市公司、投资基金等）为平台在资本市场上间接开展资本运作；在资本市场以外，深圳广电集团可以直接或间接地进行与产权（资本）有关的融资、投资、收购与兼并。深圳广电集团直接开展的资本运作主要是股权投资，截至 2013 年底，深圳广电集团拥有全资、控股或参股企业 39 家；深圳广电集团有 1 家下属公司（天威视讯）实现上市，暂无拟上市公司。深圳广电集团间接开展的资本运作主要是以旗下的上市公司（天威视讯）和专业投资机构（中国文化产业投资基金）为平台，开展与产权（资本）有关的融资、投资、收购和兼并等操作。根据前文有关资本运作、资本运作战略与管控的有关论述，借鉴 SWOT 分析的基本原理，本书对深圳广电集团的产品或产业经营平台、资本运作平台（上市融资、投资、收购、兼并等）、产品或产业经营平台与资本运作平台的对接等方面的情况进行分析，以确定深圳广电集团资本运作的优势与劣势、机会与挑战。

（一）优势与劣势

1. 产品或产业经营平台

（1）在产业经营规模方面，深圳广电集团在全国市场上不具有优势。2013 年，湖南广电的总收入为 183 亿元，江苏广电的总收入为 123 亿元，浙江广电的总收入为 102 亿元，北京广电的总收入为 103 亿元，上海广电的总收入超过 210 亿元[①]。与国内的这些一线广电集团相比，2013 年深

---

① 沈浩卿：《国内一线广电集团 2013 收入详解》，《媒介 360》，2014 年 5 月 4 日。另据上海广播电视台、上海文化广播影视集团有限公司（SMG）的官方网站公布的数据，原上海文化广播影视集团和上海广播电视台、上海东方传媒集团有限公司全面整合后，截至 2013 年底，SMG 资产总额 445 亿元，营业收入为 210 亿元，是中国最大的省级广电媒体及综合文化产业集团。

我国广电集团资本运作研究
Research on the Capital Operation of Broadcasting
and Television Group in China

圳广电集团的总收入仅为 44 亿元，经营规模尚未达到它们的一半。2013 年，全国广播电视总收入为 3734.88 亿元[①]，深圳广电集团总收入约占全国广播电视总收入的 1.17%。也就是说，在包括了中央级广电媒体的全国市场上，深圳广电集团的产业经营规模很小。2013 年，深圳市 GDP 占全国 GDP 的 2.54%，这一比重远远高于深圳广电集团总收入占全国广播电视总收入的比重（前者约为后者的 2 倍）。换言之，深圳广电集团产业经营规模在全国的水平与深圳市经济总量在全国的水平不匹配。

（2）在产业多元化经营方面，深圳广电集团具备一定的优势。2010~2014 年的深圳广电集团广告收入占总收入比重的平均值为 50.53%，2010 年以来深圳广电集团广告收入占总收入的比重呈上升的趋势。同期，江苏广电总台（集团）广告收入占总收入的比重进一步下降到 50% 左右[②]；湖南广播电视台广告收入占总收入的比重不断下降，2013 年广告收入占总收入的比重降至 41.7%[③]。由于广告收入占总收入的比重是衡量广电集团产业多元化经营水平的主要指标，因此，从这一指标的横向对比（包括指标平均值、指标变化趋势）来看，深圳广电集团产业多元化经营能力较强，但近两年来能力有所弱化。

（3）在广告和内容产业经营方面，深圳广电集团在全国市场上的优势不明显。广告收入、节目制作收入和节目销售收入是衡量广电集团广告和内容产业经营规模的主要指标。从广告收入来看，2013 年，全国广播电视广告收入为 1387.01 亿元，深圳广电集团广告收入为 23.99 亿元，占全国的比重为 1.72%，略高于深圳广电集团总收入占全国广播电视总收入的比重（1.17%）；同年，全国排名前列的湖南广播电视台的广告收入达到 76.5 亿元，深圳广电集团的广告收入仅为湖南的 30% 左右；在全国

---

① 国家新闻出版广电总局发展研究中心：《中国广播电影电视发展报告（2014）》，社会科学文献出版社，2014 年版。

② 江苏广播电视总台（集团）官方网站，http://www.jsbc.com/ztgk/201202/t20120207_760288.shtml。

③ 2013 年，湖南广播电视台实现创收 183.4 亿元，其中媒体广告 76.5 亿元，产业收入 106.9 亿元。参见沈浩卿：《国内一线广电集团 2013 收入详解》，《媒介 360》，2014 年 5 月 4 日。

地方卫视的广告收入排名中，深圳卫视排在湖南、上海、江苏、浙江、安徽等卫视之后，总体上属于第一方阵的末位。从这些指标看，深圳广电集团广告总体规模在全国市场上优势不明显。从内容产品来看，虽然深圳广电集团拥有《直播港澳台》、《年代秀》、《第一现场》、《民心桥》等一系列优质品牌节目和《命运》、《风帆起珠江》、"金钟奖"、"鹏城歌飞扬"等一大批广播电视文化精品，但是与湖南、江苏、浙江等国内一流广电精品节目相比，深圳广电集团节目的创收能力较弱，深圳卫视的娱乐类节目《年代秀》的创收能力远不及浙江卫视的《中国好声音》、江苏卫视的《非诚勿扰》等。

（4）在网络传输与服务产业经营方面，深圳广电集团具有较强的区域竞争优势。深圳广电集团在深圳市广播电视节目传输与服务市场具有垄断地位，其网络传输与服务业务分别归属于旗下的深圳市天威视讯股份有限公司、深圳市天宝广播电视网络股份有限公司、深圳市天隆广播电视网络股份有限公司。其中，天威视讯（上市公司）负责深圳市原特区内的有线广播电视网络的建设开发、经营管理、维护和广播电视节目的传输服务，截至 2012 年 12 月 31 日，拥有有线数字电视用户终端数 113 万个、高清交互电视用户终端数 41 万个、有线宽频缴费用户数 19 万户，是深圳广电集团网络传输与服务产业经营业务的主体；天宝公司和天隆公司分别负责深圳市宝安区、龙岗区的有线广播电视网络传输与服务业务①。2013 年，深圳市天威视讯股份有限公司、深圳市天宝广播电视网络股份有限公司、深圳市天隆广播电视网络股份有限公司的年收入分别是 9.53 亿元、1.86 亿元和 1.87 亿元，三家公司的总收入是 13.26 亿元；三家公司的总利润约为 2.20 亿元。2013 年，全国有线网络产业收入 660.98 亿元②，深圳广电集团网络收入占全国网络收入的 2%③。这一比重不仅高

---

① 天威视讯官网公开资料，http：//www.topway.com.cn/39/40/content_66.html。
② 2013 年，全国有线网络产业收入 660.98 亿元。参见国家新闻出版广电总局发展研究中心：《中国广播电影电视发展报告（2014）》，社会科学文献出版社，2014 年版。
③ 由于深圳市天威视讯股份有限公司、深圳市天宝广播电视网络股份有限公司、深圳市天隆广播电视网络股份有限公司收入主要是来源于网络收入，因此本书将这三家公司的收入之和等同为深圳广电集团的网络收入。

我国广电集团资本运作研究
Research on the Capital Operation of Broadcasting
and Television Group in China

于深圳广电集团广告收入占全国广播电视广告收入的比重（1.72%），也高于深圳广电集团总收入占全国广播电视总收入的比重（1.17%）。虽然深圳广电集团在本地区的广播电视节目传输与服务业务具有垄断地位，网络传输与服务的竞争优势明显，但是，随着传统有线电视业务与IPTV及互联网视频之间的竞争、广电有线宽频业务与其他宽带业务之间的竞争日益加剧，深圳广电集团网络传输与服务的竞争优势正逐渐下降。

（5）在新媒体业务方面，深圳广电集团不具备优势。2010年，深圳广电集团旗下的中国时刻网站正式上线运营。2011年8月，深圳广电集团联合内地19家媒体成立的城市联合网络电视台（CUTV.com）正式开播，截至2014年10月，城市联合网络电视台的成员台规模达到70多个，落地频道覆盖全国26个省市自治区，有效覆盖8亿人口，逐渐发展成为全国城市电视台联合发展的重要公共服务平台和向新兴媒体融合发展平台。2011年，深圳广电集团设立深圳广信网络传媒有限公司，通过自建IPTV播控平台，通过电信网络为用户提供电视直播、内容点播等服务；2012年，深圳广电集团IPTV业务正式进入商业运营阶段，2013年开始实现经营性现金流转正，截至2014年10月的用户总数超过40万户。此外，深圳广电集团控股的天威视讯积极开展宽带等新业务，截至2012年12月31日，拥有高清交互电视用户终端数41万个，有线宽频缴费用户数19万户[①]。在新媒体业务方面，与其他省市的广电集团相比，深圳广电集团布局较早，起点较高，而经营效益与多数广电集团一样尚未实现扭亏为盈；与互联网优势企业相比，例如与总部同处深圳的腾讯公司新媒体业务相比，或者与中国电信的固定宽带业务相比，深圳广电集团不具备竞争优势甚至于是劣势。

（6）在电视购物方面，深圳广电集团不具备优势。2008年3月28日，深圳广播电影电视集团深视宜和购物频道正式开播，覆盖深圳、东莞、中山、珠海、惠州、梅州、湛江、肇庆、河源、茂名、韶关等广东

---

① 天威视讯官方网站，http：//www.topway.com.cn/39/40/content_66.html。

省内主要城市。目前，宜和购物整合了网站、WAP、手机 APP、微博、微信，融合商业、传媒、信息、物流等多项资源，布局移动电商平台，通过媒体与商业、媒体与物流、媒体与金融、媒体与现代高科技相结合，开创三网融合下的全媒体商业零售模式，成为华南地区领先的专业家庭购物频道。截至 2014 年上半年，宜和购物在广东省内已拥有会员数近150 万人；2013 年，宜和购物销售金额为 4.75 亿元。与上海、湖南、江苏和浙江等国内一流的电视购物相比（见表 8-1），在销售规模上，2013年深圳广电集团宜和购物销售额约为浙江广电集团好易购物的 15%，是江苏广播电视总台（集团）好享购物的 12.83%，是上海东方购物的5.58%；在会员人数上，截至 2013 年底，深圳广电集团宜和购物会员人数约为江苏广电总台（集团）好享购物的 37%，约为上海东方购物的25%，约为湖南快乐购物的 50%；在销售区域上，宜和购物局限于广东本省，而好易购物、好享购物、东方购物、快乐购物已经覆盖多省市区，例如，快乐购物已经进入湖南、江苏、浙江、天津、重庆等省市。

表 8-1　深圳、江苏、上海、湖南、浙江电视购物经营情况

电视购物公司	销售金额（亿元）	会员人数（万）	销售区域
深圳宜和购物	4.75	150	广东本省
江苏好享购物	37	400	江苏省及全国十几个省
上海东方购物	85	600	上海及华东各省
湖南快乐购物	31	300	湖南、江苏、浙江、天津、重庆
浙江好易购物	30	300	浙江省及周边省市

注：湖南快乐购物的销售金额用年营业总收入数额来代替。

资料来源：根据笔者调研所得资料或官方网站公开资料整理，为 2013 年数据。

（7）在政策资源方面，深圳广电集团具有一定优势。①拥有全国性政策资源。除了与其他广电集团一样获得相关产业发展优惠政策以外，深圳广电集团发起成立的城市联合网络电视台（www.cutv.com）是国家广播电影电视总局正式批准的以新兴信息网络为节目传播载体的新形态广播电视播出机构，具有独特的政策优势。不过，这一政策优势不是全国唯一的。截止到 2014 年 3 月，国内持有互联网电视集成业务牌照的单位有

我国广电集团资本运作研究
Research on the Capital Operation of Broadcasting
and Television Group in China

CNTV（中国网络电视台）、百视通、华数传媒、湖南广播电视台、南方传媒、中国国际广播电台、中央人民广播电台 7 家；持有内容服务牌照的单位有 CNTV、百视通、华数传媒、南方传媒、湖南广播电视台、中国国际广播电台、中央人民广播电台、江苏广播电视台、电影网 9 家①。②拥有省级政策资源。近年来，广东省出台《广东省文化产业示范基地认定暂行管理办法》、《关于促进我省电影产业繁荣发展的若干意见》（粤府办〔2011〕25 号）等文化产业发展的政策性文件，对广播电视企业、电影企业给予特殊关照或扶持。例如，在广东省文化产业示范基地认定条件方面，要求企业对 20% 以上的产品拥有自主知识产权，而广播电视传输服务企业除外；要求企业申报前 3 年年销售额在 6000 万元以上，但是只要求影视制作企业销售额在 3000 万元以上。例如，在电影投融资政策支持方面，支持具备条件的电影企业通过发行企业债券、短期融资券、中期票据、产权交易和改制上市等多种融资手段扩大规模实力；积极探索建立电影风险投资机制，利用中小企业创业、发展投资基金支持电影风险投资，鼓励大型企业通过参股、控股等方式投资电影，鼓励有实力的企业、团体依法组建电影投资公司，培育电影领域战略投资者。③拥有市级政策资源。近几年来，深圳市出台了《深圳市文化产业发展专项资金管理暂行办法》、《关于大力发展文化产业的决定》、《深圳市重点文化企业认定和考核管理暂行办法》、《关于深入实施文化立市战略建设文化强市的决定》等政策性文件，对深圳广电集团改革发展给予大力支持。例如，《深圳市文化产业发展专项资金管理暂行办法》将电视节目及电影制作、电视传输及网络服务和新媒体服务等纳入深圳市文化产业发展专项资金重点扶持的领域范围。例如，《中共深圳市委深圳市人民政府关于大力发展文化产业的决定》明确提出，按照现代企业制度的要求推进报业、广电、发行三大文化集团体制改革，完善法人治理结构，创新经营管理机

---

① 199IT：《2014 OTT TV 的发展现状及趋势》，http：//www.sarft.net/a/162381.aspx，2014 年 3 月 29 日。

制，使之成为主业突出、规模化程度高、核心能力强的文化集团；鼓励和支持有条件的文化企业上市融资，鼓励风险投资基金参股、收购、兼并各类文化企业，建立文化企业信用担保体系；探索组建中外合资影视节目制作公司，在影视、动漫等行业领域培育一批大型外向型文化企业和文化项目。再例如，《关于深入实施文化立市战略建设文化强市的决定》，明确要重点建设完善文博会、文交所、中国文化产业投资基金三大国家级平台；规划建设和提升前海国家级文化创意产业园区、文博会产业园区等一批重点园区基地；重点将深圳报业、广电、出版发行集团打造成为在全国乃至世界有广泛影响的现代文化传媒集团和"文化航母"；重点引导国有文化集团完善法人治理结构，加快经营性资产市场化运作步伐，探索利用资本市场实现创新发展；加快推进有线广电网络重组等国有文化资产改革重组工作；确保"十二五"期间每年5亿元的文化创意产业发展专项资金足额使用；将"文化体制改革与文化立市工作领导小组"调整为"文化体制改革和发展工作领导小组"，定期召开领导小组会议，及时研究部署文化强市建设重大任务，协调解决文化改革发展重点难点问题。上述这些全国或地方性政策资源使深圳广电集团在生产牌照、项目建设、扶持资金、体制改革等方面具有政策优势，例如，在政府扶持资金方面，2011年1月至2013年8月，深圳广电集团共获得国家、省、市、区级政府部门的各种资助、奖励、补贴、配套服务支持和优惠减免政策合计101项，资金超过1.4亿元。不过，经调研发现，在深圳广电集团拥有的政策资源中，还有相当一部分属于潜在优势而不是现实优势。

（8）在人力资源方面，深圳广电集团高级人才资源不具有优势。截至2013年10月，深圳广电集团副高以上职称员工有274人，深圳广电集团副高以上职称员工占集团员工总人数的4.04%，低于2012年全国广播电视行业副高以上职称人员占从业人员总数的比重（4.65%）[1]。截至2013

---

① 根据2012年全国广播电视行业从业人员情况统计，参见国家新闻出版广电总局发展研究中心：《中国广播电影电视发展报告（2013）》，社会科学文献出版社，2013年版。

我国广电集团资本运作研究
Research on the Capital Operation of Broadcasting
and Television Group in China

年 10 月，深圳广电集团副高以上职称的经营类（经济师类、会计师类）员工仅有 19 人，副高以上职称的经营类员工占全集团副高以上职称员工的比重仅为 6.93%，不论是从总量还是从比重看，深圳广电集团经营类高级人才资源过少。

（9）在企业发展战略方面，深圳广电集团处于劣势。虽然深圳广电集团曾经提出一些发展总目标，但是，没有清晰的集团整体发展战略规划，没有明确的品牌战略，战略管理机构或机制不明确；深圳广电集团产业多元化经营缺乏清晰的企业发展战略指导。与此相反，江苏广电总台（集团）具有明确的发展战略规划，制定实施了品牌战略，成立了战略规划和品牌管理机构；浙江广电集团（特别是浙江卫视）制定实施了差异化的品牌战略；上海文广集团正在反思近几年来的产业多元化经营，研究制定集团发展战略，用于指导产业多元化经营①。

2. 资本运作平台

深圳广电集团通过上市公司（天威视讯）和专业投资机构（中国文化产业投资基金）这两个平台间接开展资本运作，其中，深圳广电集团持有天威视讯 59.37% 的股权，是天威视讯的控股股东；深圳广电集团通过深圳国际文化产业博览会有限公司持有中国文化产业投资基金一部分股权，深圳国际文化产业博览会有限公司是中国文化产业投资基金的发起人之一但不是第一大股东。

（1）在实际控制的资本运作平台数量或类型方面，深圳广电集团不具备优势。深圳广电集团与资本运作平台之间的关系、湖南广播电视台与资本运作平台之间的关系如图 8-2 所示。湖南广播电视台通过上市公司（电广传媒）和专业投资机构（深圳市达晨创业投资有限公司）这两个平台间接开展资本运作，其中，湖南广播电视台持有电广传媒 17.13% 的股权，是电广传媒的第一大股东和实际控制人；电广传媒持有深圳市达晨创业投资有限公司 100% 的股权。与湖南广播电视台相比，虽然深圳广电

---

① 详见广电集团发展战略与管控相关内容。

集团表面上也拥有上市公司和专业投资机构作为资本运作平台，但是湖南广播电视台对下属两个资本运作平台的影响或控制都比较强，而深圳广电集团对专业投资机构（中国文化产业投资基金）的影响或控制较弱且前海天和基金管理公司刚刚成立，深圳广电集团的资本运作平台局限于上市公司（天威视讯）。

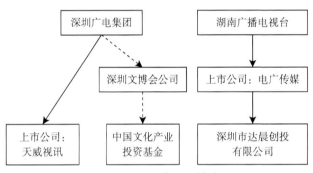

图8-2　运作平台之间的关系

（2）在资本运作平台运营方面，深圳广电集团不具有优势。由于深圳广电集团实际拥有的资本运作平台——天威视讯是一家以广电网络业务为主营业务的上市公司，因此本书将其与国内其他广电网络上市公司进行对比。目前，国内有天威视讯、歌华有线、电广传媒、广电网络、吉视传媒、湖北广电6家以广电网络作为主营业务的上市公司，它们的第一大股东属于深圳、北京、湖南、陕西、吉林、湖北等省市广播电视机构（含广播电视台的直属部门）。这些广电网络上市公司的经营情况（见表8-2）。在第一大股东的持股比重方面，深圳广电集团的天威视讯比重最高（57.78%），北京广播电视台的歌华有线比重次高（44.98%），湖南广播电视台的电广传媒比重最低（17.13%）；这6家广电网络上市公司的第一大股东持股比重平均值约为35%，深圳广电集团持股的比重高于平均值22个百分点。在营业收入方面，天威视讯倒数第一，不到歌华有线的一半。在净利润方面，天威视讯倒数第二，不到歌华有线的一半。在业务规模方面，天威视讯的有线宽频缴费用户数较多，其他的不如歌华

我国广电集团资本运作研究
Research on the Capital Operation of Broadcasting
and Television Group in China

表 8-2　国内广电网络上市公司运营情况比较

上市公司	天威视讯	歌华有线	电广传媒	广电网络	吉视传媒	湖北广电
上市时间（年）	2008	2001	1999	2001	2012	2012
第一大股东持股比例（%）	57.78	44.98	17.13	36.07	39.96	14.31
营业收入（亿元）	9.29	22.5	51.0	20.3	19.2	11.5
净利润（亿元）	1.43	3.76	4.84	1.37	4.02	1.84
网络业务规模	拥有有线数字电视用户终端数为 112.34 万个，交互电视用户终端数为 45.83 万个，有线宽频缴费用户数为 21.76 万户	拥有有线电视注册用户 498 万户（其中高清交互数字电视用户 310 万户），集团数据业务超过 2 万线，个人宽带用户超过 19 万户	略	略	略	略
上市后资本运作事项	①认购茁壮网络增发的股份，出资成立深圳市天华国际传媒有限公司并认购其增发股份②将闲置的募集资金暂时补充流动资金③向特定对象深圳广电集团、宝安区国资委、龙岗区国资委及坪山新区发财局发行股份购买天宝公司、天隆公司股权，将深圳宝安区、龙岗区的广电网络业务整合并入天威视讯	①发行可转债，募集 12.5 亿元资金用于有线数字电视项目的实施推广②收购河北省涿州市全部有线网络资产，跨区域经营迈出突破性一步③发行 16 亿元可转换债券，用于高清交互数字电视推广和三网融合试点工作④投资参股贵州省广播电视信息网络股份有限公司（贵州省网），获得 4.8%的股权	①推进全省有线电视网络股权重组，第一大股东调整股权比重②广电传媒进行定向增发，募资对现有网络进行升级改造③广电传媒管理层集体增持公司股票④湖南广播电视台计划适时向电广传媒注入与广电传媒主业发展相关的优质资产和业务	略	略	略

注：①上市时间表按广电股东实际入主时间来确定，其中，广电网络、湖北广电系借壳上市。②天威视讯、歌华有线、电广传媒、广电网络、吉视传媒、湖北广电的第一大股东分别属于深圳、北京、湖南、陕西、吉林、湖北等省市广播电视机构，持股数据截至 2014 年 11 月。③营业收入和净利润是 2013 年的数据，网络业务数据截至 2012 年底。

资料来源：根据上市公司公开资料整理。其中，电广传媒上市后的资本运作事项参见湖南广播电视台党委书记欧阳常林，《广电湘军创新为本》，《上海证券报》，2012 年 12 月 18 日。

有线。在上市后资本运作事项方面，天威视讯出现上市募集资金闲置且没有再公开融资进行项目投资的现象，歌华有线不仅没有出现上市募集资金闲置而且还在债券市场上两次公开募集资金进行项目投资，电广传媒不仅没有出现上市募集资金闲置而且还成功定向募集资金进行项目投资；天威视讯对茁壮网络、天华国际传媒有限公司等相关业务公司进行了股权投资并收购了区域内其他公司的广电网络业务或资产，歌华有线对区域外广电网络公司进行了股权投资或收购了区域外广电网络资产与业务并实现跨区域经营，电广传媒推进全省广电网络整合并计划注入与主业相关的资产或业务；电广传媒实现了公司管理层集体增持股份。从上市后资本运作事项看，天威视讯在通过资本运作推进项目投资、跨区域经营、对管理层的激励与约束等方面不如歌华有线或电广传媒而处于劣势，在通过股权投资扩大相关业务或产业发展方面具有一定的优势，在并购整合区域内广电网络业务或资产以巩固在本地市场的地位方面与歌华有线、电广传媒等差别不大。

3. 产品或产业经营平台与资本运作平台的对接

在深圳广电集团，已经初步搭建起产业或产品经营与资本运作对接的平台，主要有：深圳国家动漫画产业基地、深圳广播电影电视集团文化创意产业园和深圳文化产权交易所①。

（1）深圳国家动漫画产业基地。深圳国家动漫画产业基地正式成立于2006年，是依托广播电视媒体建设的国家级、省级、市级文化产业园区（基地）。成立8年来，深圳国家动漫画产业基地向全国各电视、网络、手机等媒体提供了近10万分钟的动漫原创作品，培育出了《憨八龟的故事》、《福娃奥运漫游记》、《神奇的悠悠》、《熊出没》等一批原创动画精品项目，初步构建起"一个中心、八大平台"专业公共服务体系。"一个中

---

① 产业园区集聚了土地、资金、技术和政策等多种要素与资源。近年来，国内一些现代服务产业园区为入驻的服务业中小企业提供信贷资金或股权投资服务，从而使园区发展成为产品或产业经营与资本运作对接的平台。有鉴于此，本书将动漫画产业基地或文化创意园区纳入产品或产业经营与资本运作对接平台来的研究范畴。

我国广电集团资本运作研究
Research on the Capital Operation of Broadcasting
and Television Group in China

心"即动漫基地服务中心，是市场与政策联系的纽带；"八大平台"是动漫影视数字新媒体公共技术服务平台、人才培训服务平台、版权保护与播出交易服务平台、软件认证及研发服务平台、国际合作制作制片与项目管理服务平台、衍生产品设计与交易服务平台、动漫游戏娱乐产品数据服务平台、投融资支持服务平台。截至 2014 年 6 月，共有 68 家企业入驻，其中，境内 63 家，境外 5 家，12 家是国家文化部认定的"国家动漫企业"，3 家被认定为国家重点文化出口企业，40 家被评为"深圳市重点文化企业"。深圳国家动漫画产业基地的主要收入是入驻企业交纳的租金和政策性补贴。2013 年以前，深圳国家动漫画产业基地按照公益性园区或公益性事业项目来运营；2013 年以后，深圳广电集团将深圳国家动漫画产业基地的管理职能从集团职能部门划入集团全资直属的深圳广播电影电视文化产业有限公司，探索新的基地运营机制。深圳广电集团计划将深圳国家动漫画产业基地将基地打造成为集教育研发、生产制作、人才培训、衍生产品开发为一体的"文化＋科技"、"文化＋金融"、"文化＋旅游"动漫产业园区。

（2）深圳广播电影电视集团文化创意产业园。深圳广播电影电视集团文化创意产业园是深圳市文化创意产业重点项目，已纳入《深圳市文化创意产业振兴发展规划（2011~2015)》，占地 8.12 万平方米，规划总建筑面积达 18 万平方米，共分两期建设。园区一期已开园，深圳影视龙传媒有限公司、深圳时刻网络传媒有限公司、深圳宜和购物等一批传媒行业龙头企业已签约进驻；园区二期占地 6 万平方米，将建设新媒体中心、欧陆文化创意街等一批特色项目，正面向全球寻求战略合作伙伴以共同开发建设。建成后，园区将涵盖广电集团影视产业区、商务办公与公寓区以及市民休闲娱乐公共活动区，成为深圳市影视创意文化基地。目前，园区运营管理由深圳广电集团全资直属的深圳广播电影电视文化产业有限公司负责。

（3）深圳文化产权交易所。深圳文化产权交易所成立于 2010 年 4 月，深圳广电集团持有深圳文化产权交易所有限公司 80%的股权。目前，深圳文化产权交易所已经发展成为国家级文化产权交易及投融资综合服务平台，是中央文化企业国有产权指定交易平台，拥有国有文化产权交易进场业务、文化企业上市孵化及文化股权融资业务、版权创新交易业务、文化物权创新交易、基金中心"一站式"服务等业务，交易品种包括影视、出版、广告、演艺、旅游、会展、设计、传媒和动漫行业文化产品的所有权及相关权益的类证券化转让和融资服务，包括文化企业股权交易、文化产品期货及期权、文化产业投资基金和文化产权交易指数等产品交易。

在产业经营与资本运作的对接方面，深圳国家动漫画产业基地和深圳广播电影电视集团文化创意产业园尚未对入驻企业提供信贷资金或进行股权投资进而将入驻企业培育成为上市公司，与国内先进的现代服务产业园区相比，深圳国家动漫画产业基地和深圳广播电影电视集团文化创意产业园处于劣势；与国内其他广播电视台或广电集团相比，深圳广电集团布局较早，具备一定基础条件。作为国家级的文化产权交易平台，深圳文化产权交易所在促进文化产业与资本运作的对接方面具有明显的优势。此外，根据企业发展战略原理，企业总体发展战略和资本运作战略是促进企业产品或产业经营平台与资本运作平台对接的有效工具，而深圳广电集团缺乏这两种战略。总体而言，在产品或产业经营平台与资本运作平台对接方面，深圳广电集团基础条件较好，潜在优势较大。

（二）机会与挑战

除了上述与自身资本运作能力相关的优势劣势之外，外部环境给深圳广电集团资本运作带来的机会和挑战主要有。

1. 视听传媒产业发展带来的机会和挑战

（1）视听新媒体产业发展迅猛，产业并购整合加剧。近两年来，视听新媒体产业逐渐形成多屏分发、多屏互动的服务格局，移动音视频成为新媒体发展最快的领域，视听新媒体正逐步向电子商务、市政公共服务、网络娱乐等相关行业渗透，视听新媒体运营商加大版权建设力度，视听

我国广电集团资本运作研究
Research on the Capital Operation of Broadcasting
and Television Group in China

新媒体与传统媒体融合互动进一步加快加大，视听新媒体产业的跨行业整合与产业纵向整合加剧。2012 年和 2013 年，视听新媒体产业出现的并购案达 7 起，并购案数量与并购金额较前几年大幅提升，优质内容生产商和拥有较多用户的渠道商成为产业资本追逐的对象。经过近两年的产业并购，一线网络视听企业与二三线网络视听企业之间的差距拉大，视听新媒体市场集中度得以加强，开始形成寡头竞争的市场格局。

（2）广电行业进入结构调整和转型阶段。近年来，广电行业收入结构调整趋势明显：行业实际创收收入增长放缓，2013 年全国广播电视行业实际创收同比增长 15.67%，增幅比上年降低了 2.56 个百分点；广告收入增幅明显缓慢，2013 年全国广播电视广告收入同比增长 9.19%，增速比上年下降 3.93 个百分点；有线网络收入同比增长 14.21%，增速比上年降了 3.03 个百分点；以版权收入为主要组成部分的其他收入同比增长 56.8%，比上年提高 27.2 个百分点①。广电传统收入占总收入比重下降，新型业务收入比重上升，版权商业模式加速成长，这些均成为广电商业模式转型的重要标志。

（3）视听传媒产业新格局即将形成，产业并购整合将延续现阶段总体趋势并出现新情况。目前，国内有实力的广电媒体开始着力于多媒体、多业务发展，建设报刊、广播电视、网络、手机等多种媒体形态协同互补的全媒体，加快调整内部组织架构和内容生产方式，打造现代全媒体运营商；预计未来几年，广电机构将逐步走向全媒体机构，播出机构将走向网络平台化、社交化运营。当前，电信运营商、网站运营商、内容供应商、应用服务商、技术服务商、终端生产商等纷纷介入视听传媒产业各个环节，有线网络运营商正在向综合服务运营商转型，预计未来几年，视听传媒产业的社会化和市场化程度将大幅提升。视听传媒产业并购整合将延续当前总体趋势，将继续向内容与终端两个方向倾斜，并购

---

① 国家新闻出版广电总局发展研究中心：《中国广播电影电视发展报告（2014）》，社会科学文献出版社，2014 年版。

重组催生的优势媒体将继续向规模化、集约化、专业化、综合化的大型传媒集团演进；与此同时，视听传媒企业跨地区、跨行业、跨所有制并购整合将进一步扩大，将出现区域性广电有线网络并购整合案例甚至于出现全国性广电有线网络并购整合。笔者认为，对于中央和少数国内领先的省级广电机构，上述视听传媒产业发展趋势带来的机会总体上是大于或等于挑战；对于像深圳广电集团这样整体实力处于中等偏上水平的，上述视听传媒产业发展趋势带来的机会总体上不会大于挑战；对整体实力中等或较差的，上述视听传媒产业发展趋势带来的机会一定是小于挑战。

2. 体制改革带来的机会

（1）文化体制改革不断深化，为广电集团改革提供相对宽松的环境。近几年来，中央先后出台了《中共中央关于深化文化体制改革推动社会主义文化大发展大繁荣若干重大问题的决定》、《中共中央关于全面深化改革若干重大问题的决定》、《关于推动和规范国有文化企业并购重组的通知》等涉及广播电视台或广电集团改革的重要文件，要求"支持和壮大国有或国有控股文化企业"、"培育一批核心竞争力强的国有或国有控股大型文化企业或企业集团"、"推进国有经营性文化单位转企改制，加快公司制、股份制改造"、"对按规定转制的重要国有传媒企业探索实行特殊管理股制度"、"通过并购重组，进一步发挥国有经济主导作用，增强国有文化企业实力活力和控制力影响力"，为广电集团改制创造了比较宽松的环境。2013 年底以来，上海文广集团在全国率先推进改革重组，为广播电视台或广电集团整体改制积极探索前进的方向。

（2）深圳市国有文化资产管理体制改革走在全国前列，为深圳广电集团改革提供有力保障。深圳长期处于国内改革开放的前沿阵地，改革氛围浓厚。2008 年，深圳市出台《市属国有文化集团资产监督管理暂行办法》以及关于考核、薪酬、投资、产权变动、资产评估、贷款担保、资产减值准备和损失核销等的监管办法（简称"1+7"文件）；2011 年底，深圳市对"1+7"文件进行全面修订，进一步完善国有文化资产监督管理办法。目前，深圳国有文化资产管理体制改革走在全国前列，例如，在

我国广电集团资本运作研究
Research on the Capital Operation of Broadcasting
and Television Group in China

绩效考核方面，深圳市将绩效考核作为国有文化资产监管的重要内容，每年市委宣传部与市国资委等部门都会对国有文化集团实施考核（广电集团的社会效益指标占考核分值的 75%，事业投入追求社会效益最大化，产业投入追求投资回报率和经济效益最大化），并将考核结果与媒体负责人薪酬直接挂钩。

（3）国有企业改革进入以"管资本为主"的阶段，为广电集团改革与资本运作提供参照物和实践经验。中共十八届三中全会以后，国有企业改革重心从管企业转向管资本，国家大力发展混合所有制经济并组建若干国有资本运营公司和国有资本投资公司，明确国有资本要"服务于国家战略目标，更多投向关系国家安全、国民经济命脉的重要行业和关键领域，重点提供公共服务、发展重要前瞻性战略性产业、保护环境、支持科技进步、保障国家安全"。2014 年 10 月，深圳提出新一轮国企改革的总体思路和目标。深圳新一轮改革的总体思路是"以管资本、调结构为主线，调整优化产业布局，推动优势资源向以金融为主的高端服务业、以产业园区开发运营为主的房地产业、以新材料和节能环保为主的新兴产业集聚；以市场化、专业化为导向，构建企业管控新模式；以资本运作、资源配置为手段，发展混合所有制经济；以创新机制、规范履职为核心，完善现代企业制度和公司治理机制"。深圳新一轮改革的目标是：到 2020 年，将深圳市投资控股公司打造成为产业格局清晰、综合优势突出、管理规范高效、具有全国影响力的国有资本投资公司。具体目标分为五项：一是管控模式更加高效，构建国有资本收益评价体系，完善资本有进有退、合理流动机制；二是布局结构更趋合理，主要资产集中到金融、产业地产、新兴产业和公共服务领域；三是混合所有制基本实现，提高直接出资企业混合所有制比例；四是公司治理更加完善，形成协调运转、有效制衡的决策、执行和监督机制；五是培育一批优质品牌，在细分行业领域培育一批具有全国影响力的品牌企业。这些国家和深圳国企业改革新思路和新举措不仅为包括广电集团在内的国有文化企业改革方向提供了参照物，更为国有文化资本运营目标和范围、运营主体建立健全等提供了实践经验。

3. 深圳经济金融发展带来的机会

（1）深圳经济综合实力强，互联网、新一代信息技术和文化创意等相关产业快速发展，为深圳视听传媒产业发展提供坚实基础和广阔空间。深圳市地处珠江三角洲前沿，是连接香港和中国内地的纽带和桥梁；深圳市经济总量相当于我国一个中等省份，位居全国大中城市第四位，是内地经济效益最好的城市之一，《2014 年中国城市竞争力蓝皮书》认为，深圳在 2013 年城市综合经济竞争力榜单上位居第二；深圳在我国高新技术产业、金融服务、外贸出口、海洋运输、创意文化等多方面占有重要地位。近几年来，生物、互联网、新能源、新材料、文化创意和新一代信息技术等战略性新兴产业已经成为深圳新的发展引擎。在互联网产业方面，2013 年，深圳市互联网产业规模达到 1200 亿元，同比增长49.1%，形成了莲塘互联网产业园、蛇口网谷、福田国际电子商务产业园等产业聚集区。在新一代信息技术产业方面，2013 年，深圳新一代信息技术产业规模达 8123 亿元，同比增长 15.7%，形成深圳湾科技生态园、华为科技城新一代通信产业基地、深圳软件产业基地等产业园区。在文化创意产业方面，自 2003 年在全国率先确立"文化立市"战略以来，深圳文化创意产业以年均超过 20% 的速度快速发展，2013 年文化创意产业增加值达 1357 亿元，位居全国大中城市前列；2004~2013 年，文化创意产业增加值占全市 GDP 比重由 4.6% 提高到 9.3%；已经形成 34 个文化创意产业园区和 20 个文化创意产业基地，其中，有 12 家被认定为国家级文化产业示范园区基地，领域覆盖创意设计、文化软件、动漫游戏、新媒体及文化信息服务、非物质文化遗产、高端工艺美术、数字出版、文化旅游、高端印刷、产业教学培训等；深圳是国内最重要的文化产权交易和投融资服务中心之一，中国（深圳）国际文化产业博览交易会（简称文博会）是国际展览联盟（UFI）认证展会，2013 年底深圳创意信息港成功创建为国家对外文化贸易基地使深圳成为全国继北京、上海后第三个、华南地区唯一获得文化部此类基地命名的城市。

我国广电集团资本运作研究
Research on the Capital Operation of Broadcasting
and Television Group in China

（2）深圳金融服务业繁荣发展，为深圳广电集团开展资本运作提供有力支撑。深圳是我国重要的金融中心，是国内金融业占 GDP 比重最高的城市之一，2014 年 3 月"全球金融中心指数"（GFCI15）报告认为深圳在全球金融中心中排名第 18 位，2013 年深圳金融业增加值达到 2008.16 亿元而居全国大中城市第三位，截至 2013 年末，深圳金融业总资产达到 5.9 万亿元而居全国大中城市第三位。目前，深圳市金融机构总数达 315 家，银行、证券、保险业机构密度、外资金融机构数量以及从业人员比例均居全国前列。深圳市股权投资业发展处于国内领先地位，2013 年深圳股权投资基金企业达 8862 家，全国有 1/3 的创投企业总部设在深圳，前海股权交易中心成为全国挂牌展示企业数量最多的区域性股权交易市场；外商投资股权投资企业试点（QFLP）稳步实施，注册资本（含认缴资金）超 40 亿元。深圳市网络支付、借贷和股权众筹等互联网金融发展居全国前列。

三、对策建议

从深圳广电集团上述情况并结合笔者对国内其他广电集团的了解，笔者认为，广电集团资本运作总体思路是通过深化改革和加强管理，做优产品或产业经营平台，做强资本运作平台，做实产品产业经营与资本运作的对接平台。具体的对策建议如下：

（一）制定实施集团发展战略，引领产品产业经营和资本运作

（1）抓紧研究制定集团总体战略规划。研究制定集团战略规划的目的之一是明确集团发展改革总体目标、主要任务、工作措施等，明确电台电视台、广电网络、相关产业等发展定位及其关系，明确传统媒体、新媒体的发展定位及其关系，把各方的意见、资源统一起来，形成合力，

推进集团整体发展。研究制定集团战略规划的目的之二是把集团战略研究成果提升到集团制度层面，维护集团的长期利益，保证集团长期目标的实现。研究制定集团战略规划，要紧紧围绕长远目标，提出近期、中期的阶段性目标任务，提出实现目标任务的具体措施。研究制定集团战略规划，要集思广益，坚持借用"外脑"与内部研究相结合，坚持新闻传播、经济、管理等多学科研究相结合；要正确处理整体和局部利益，坚持集团战略规划与下属部门、单位的发展规划相结合。

（2）认真实施集团总体战略规划。做好战略规划目标任务分解，把集团战略规划总体目标任务分解到年度，作为制定集团年度计划和考核集团年度成绩的重要依据；把集团战略规划总体目标任务分解到下属部门单位，作为下属部门单位制定各自发展规划的重要依据。及时检查考核督促相关部门、单位的规划实施工作。认真做好集团战略规划中期评估工作，及时调整修改完善具体目标任务。

（3）及时制定实施品牌、产业多元化经营和资本运作等子战略。在制定实施总体战略的基础上，及时制定实施品牌战略、产业多元化经营战略；在条件充分的前提下，考虑制定实施资本运作战略。在总体战略的引领下，加强子战略之间的协调配合。

（4）建立健全战略管控机制。明确集团发展战略规划管理职责和机构，建立各层级的战略管控体系，注重跨层协作。通过多层次的管控，形成合力，提高战略管理的执行力和实施效果。

（二）做优产品或产业经营平台，夯实资本运作基础

（1）切实提升主营产品或产业综合竞争力。

（2）完善项目投融资机制，为股权投资奠定基础。

（3）发展广电相关业务，如电视购物等，为其注入上市公司或实现独立上市打好基础。

我国广电集团资本运作研究
Research on the Capital Operation of Broadcasting
and Television Group in China

（三）做强资本运作平台，提高资本运作水平

（1）向资本运作平台注入优质资产。

（2）合理保持资本运作平台的股权比重。

（3）谋划通过资本运作平台并购相关股权或资产。

（4）牵头发起（或参与）设立专业投资机构。在设立专业投资机构时，广电集团应该对自身能力有清醒认识，认真权衡集团直接出资参股与旗下资本运作平台公司出资成立等不同出资方式的利弊得失[①]，充分考虑集团发展战略方向与专业投资机构投向的关系，及时调整集团层面运营体制机制，及时构建集团资本运作管理团队。在未来实施并购战略过程中，在充分发挥专业投资机构的基础上，按照集团发展战略选准并购时机和并购目标。并购时机应该从宏观经济形势、资本市场形势、行业情况和企业情况四个维度来考虑，选择的目标公司要适合集团自身发展战略、符合集团自身管理能力和经济实力、具有盈利潜力，发现目标公司应该遵循科学的步骤（如图8-3所示）。

以广电集团牵头发起设立股权投资基金为例：

（1）明确设立股权投资基金的战略意图。设立股权投资基金是贯彻实施广电集团整体发展战略的一个重要手段或工具，应该在广电集团整体发展战略的指导下权衡理清设立股权投资基金的战略意图，然后按这一战略意图设计出股权投资基金的组织形式、规模、融资方式、投资方向、退出期限等方案。

（2）间接参与发起设立股权投资基金。在广电集团没有整体改制为企业的情况下，集团不应直接参与发起设立股权投资基金，而应通过下属企业（上市公司）间接参与发起设立股权投资基金。

（3）选择恰当的设立时机。学习借鉴光线传媒、电广传媒在资本市场

---

① 2014年12月，上市公司光线传媒宣布设立产业并购基金，获得众多投资者认可，当天股价涨停。

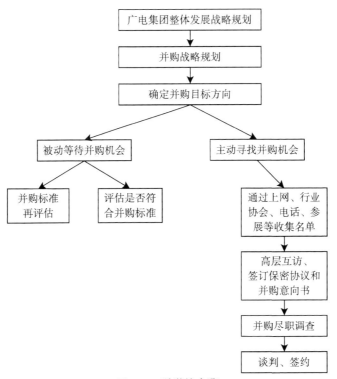

图 8-3　科学的步骤

熊市向牛市转换的时期公布设立股权投资基金经验，统筹兼顾上市公司市值管理等集团重大产业经营管理工作，正确选择公告成立股权投资基金的时期，以获得更多的投资者认可，使设立股权投资基金的利益最大化。

（4）选择有限合伙制的组织形式。有限合伙制组织形式是全世界范围内股权投资行业采用的最主要的组织形式，也是我国广电传媒企业参与发起的股权投资基金普遍采用的组织形式。这种形式可以有效地控制股权投资基金的代理成本（股权投资基金投资者与管理者之间的代理成本、股权投资基金管理者与被股企业之间的代理成本）。

（5）培育股权投资文化，培养引进资本运作人才。股权投资行业是一个技术性、专业性很强的行业，广电集团应加大培养、引进力度，形成引得进、留得住的引人用人机制。

（6）注意防范各种风险。股权投资是高风险的工作，既要注意防范股

我国广电集团资本运作研究
Research on the Capital Operation of Broadcasting
and Television Group in China

权投资的业务风险，还要防范体制机制不够健全带来的风险。在参与设立运营股权投资基金的同时，广电集团应注意防范各种风险，健全企业化运营的体制机制，构建起有效防范各种风险的长效机制。

（7）积极争取政府扶持政策。认真比较各地税收优惠等政府扶持政策，合理选择注册地，争取当地的扶持政策。

（四）做实对接平台，丰富资本运作资源

（1）丰富资本运作的信息资源和人力资源。建设资本运作数据库，为广电集团资本运作决策提供较为全面、及时、可靠的信息资源。培养一批熟悉文化产权交易规则、善于发现市场机会的资本运作人才。

（2）培育资本运作的客户资源。加强与商业银行、创业投资机构、产业投资基金等合作，发现和支持具有股权投资潜力的文化企业，培育一批适合广电集团或专业投资机构进行股权投资的企业。

（五）顺应改革趋势，健全资本运作体制机制

（1）深化广电集团内部改革，明确资本运作机构和职责。继续深入推进制播分离、人事制度、员工持股等改革。结合内部资源整合和机构调整，在广电集团总部下设资本运作职能部门，并明确相应职责。

（2）积极配合国有文化资产管理体制改革，为资本运作创造良好的政策环境。广电集团开展资本运作离不开国有文化资产管理体制改革。随着我国国有资产管理体制和文化体制改革的深入，各地将顺应"以管资本为主"、"国有经营性文化单位转企改制"、"在重要国有传媒企业探索实行特殊管理股制度"等改革大趋势对国有文化资产管理体制进行改革。广电集团应该积极主动，配合做好国有文化资产管理体制改革措施的研究、制定和实施等工作，为自身开展资本运作创造良好的政策环境。

［1］谢耕耘：《中国传媒资本运营若干问题研究》，《新闻界》，2006 年 3 月。

［2］严三九：《中国传媒资本运营研究》，上海文化出版社，2007 年版。

［3］陈共德：《国有传媒控股集团公司的模式选择与风险管理》，《声屏世界》，2005 年第 7 期。

［4］陈芳平：《传媒产业资本运营的策略研究》，《兰州学刊》，2004 年第 6 期。

［5］张世昕：《传媒产业的经济特征浅析》，《宏观经济管理》，2005 年第 5 期。

［6］赵曙光、赵文胜：《中国媒介投融资体制的演变与发展》，《传媒观察》，2003 年第 5 期。

［7］赵子忠、王伟等：《中国影视投融资的产业透视》，中国传媒大学出版社，2006 年版。

［8］姚德全、乔海曙、肖晓敏：《传媒安全与发展：一个资本运作视角的分析》，《新闻出版交流》，2002 年第 6 期。

［9］李建：《我国加入 WTO 后对传媒业的影响及应对措施》，《北京社会科学》，2002 年第 3 期。

［10］段永刚：《我国媒介产业的资本运作》，《新闻与传播研究》，2001 年第 2 期。

我国广电集团资本运作研究
Research on the Capital Operation of Broadcasting
and Television Group in China

　　[11] 卜玉华：《资本运作：加速传媒产业扩张——试谈中国传媒产业的资本运用积累》，《记者摇篮》，2003 年第 11 期。

　　[12] 刘再兴：《资本运作提速——传媒资本运作的政策门槛与具体路径》，《媒介》，2004 年第 6 期。

　　[13] 刘有芝：《媒介资本运营的政策环境分析》，《当代传播》，2006 年第 6 期。

　　[14] 张锐：《中国传媒业资本运作现状及趋势分析》，《声屏世界》，2012 年第 3 期。

　　[15] 何涛：《我国传媒产业发展的最佳选择——关于利用资本市场发展传媒产业的战略思考》，《财经研究》，2003 年第 1 期。

　　[16] 胡正荣：《后 WTO 时代我国媒介产业重组及其资本化结果——对我国媒介发展的政治经济学分析》，《新闻大学》，2003 年第 3 期。

　　[17] 周笑：《国有传媒正走出自己的资本之路》，《新闻大学》，2007 年第 1 期。

　　[18] 赵荣水：《论我国传媒产业价值链的完善与重构》，《人民论坛》，2013 年第 14 期。

　　[19] 王宝松：《打造媒体的核心竞争力——传媒与资本联姻的一点思考》，《新闻通讯》，2002 年第 4 期。

　　[20] 黄进：《传媒从生产经营到资本运营的经济学分析》，《山东视听》（山东省广播电视学校学报），2005 年第 1 期。

　　[21] 韩建中：《传媒行业资本运作的紧迫性分析》，《声屏世界》，2006 年第 5 期。

　　[22] 张华：《提升资本运作能力做强做优传媒集团》，《视听界》，2010 年第 6 期。

　　[23] 吴志强、凌宪等：《政策与市场两难语境中我国传媒业资本运作探析》，《四川行政学院学报》，2011 年第 4 期。

　　[24] 吕建伟等：《报业集团资产管理及资本运营研究》，《新闻导刊》，2003 年第 2 期。

［25］匡导球：《报业资本运营的内在逻辑与现实路径》，《南京社会科学》，2008 年第 8 期。

［26］杨桃莲、黄瑚：《报业资本运营的发展思路》，《传媒观察》，2010年第 3 期。

［27］朱亚、王宏波：《循序渐进　梯度开发——出版业资本经营的几种方式和步骤》，《出版广角》，2002 年第 5 期。

［28］田海明：《文化产业的资本运作及发展之思考》，《学术界》，2011年第 1 期。

［29］杨云：《广电产业如何与资本有效结缘》，《中国广播电视学刊》，2003 年第 11 期。

［30］余飞宇、胡宪玉：《浅议广电产业的资本运作》，《中国会计师网》，2006 年版。

［31］本刊编辑部：《广电传媒的资本化运作成趋势》，《视听界》，2010年第 1 期。

［32］赵秋凤：《广播电视行业资本运营发展方向研究》，《会计之友》，2011 年第 1 期。

［33］张仙飞：《广电系上市公司研究》，《广播电视信息》，2012 年第8 期。

［34］李小曼、程明：《中国传媒集团经营发展面临的几个重大问题》，《江西社会科学》，2005 年第 5 期。

［35］李岚：《电广传媒资本运作途径报告》，《视听界》，2005 年第 6 期。

［36］陈共德：《国有传媒控股集团公司的模式选择与风险管理》，《声屏世界》，2005 年第 7 期。

［37］"中国传媒集团化发展与经营问题研究" 课题组：《中国传媒集团化发展的制度审视》，《中国媒体发展研究报告》，2007 年。

［38］骆嘉：《我国传媒上市公司的股权结构与绩效关系分析》，《声屏世界》，2009 年第 10 期。

［39］邢建毅、将淑媛：《对几个国外传媒公司资本运营的评析》，

我国广电集团资本运作研究
Research on the Capital Operation of Broadcasting
and Television Group in China

《广播电视信息》，2004 年第 3 期。

[40] 周庆海：《浅析我国传媒业资本运营的方式与思路》，《黑龙江金融》，2007 年第 7 期。

[41] 王妍、莫林虎：《默多克新闻集团资本运营对中国传媒业的启示》，《金融经济》，2010 年第 6 期。

[42] 李晓红、何芳：《境外传媒资本运营的方式与启示——以迪士尼集团公司为例》，《新闻爱好者》，2011 年第 20 期。

[43] 吕春光：《美国广电媒体收购、并购之基本环境浅析》，《现代电视技术》，2013 年第 6 期。

[44] 李常青、赵婉：《传媒经济学视野下的中外传媒资本运营比较分析》，《中国报业》，2012 年第 8 期（下）。

[45] 哈如九：《做大资本平台实现跨越发展——上海新华传媒股份有限公司的运作实践》，《出版发行研究》，2008 年第 6 期。

[46] 葛丽媛：《国有民营出版企业的合作发展之路：湖北长江出版传媒集团资本运营的实践探索》，《出版发行研究》，2010 年第 7 期。

[47]《社会管理创新与领导干部的媒体素养》课题组，《政策与市场两难语境中我国传媒业资本运作探析》，《四川行政学院报》，2011 年第 4 期。

[48] 姚德全、乔海曙、肖晓敏：《传媒安全与发展：一个资本运作视角的分析》，《新闻出版交流》，2002 年第 6 期。

[49] 张晓群：《传媒集团的无形资产运营》，《当代传播》，2005 年第 6 期。

[50] 张春强、戴钧：《传媒业资本运营的方式与思路》，《武汉科技大学学报》（社会科学版），2006 年版。

[51] 李冰、刘琳：《中国资本市场与传媒产业融合分析》，《现代传播》（中国传媒大学学报），2008 年第 2 期。

[52] 田应坪：《中国传媒业的资本运作》，《中国广播电视学刊》，2010 年第 12 期。

［53］ 解永军、陈庚、吴爽：《文化产业大传媒时代将至》，《投资北京》，2011 年第 5 期。

［54］ 邢会强：《传媒企业上市路径》，《资本市场》，2013 年第 8 期。

［55］ 张春强、戴钧：《传媒业资本运营的方式与思路》，《武汉科技大学学报》（社会科学版），2006 年版。

［56］ 胡韶林：《广播电视传媒资本运作之思考》，《改革与战略》，2006 年第 6 期。

［57］ 赵渊：《传媒资本运营的路径抉择：基于制度创新的视角》，《北方经济》，2011 年第 21 期。

［58］ 丁双珍：《新华传媒的资本运作及其启示》，《企业改革与管理》，2008 年第 5 期。

［59］ 阮志孝：《大众传媒资本经营的陷阱与对策》，《新闻与传播》，2003 年第 1 期。

［60］ 张春华、樊士德：《传媒资本运营的误区及对策》，《传媒观察》，2003 年第 10 期。

［61］ 赵秋凤：《广播电视行业资本运营发展方向研究》，《会计之友》，2011 年第 1 期。

［62］ 旷晓兰：《湖南电广传媒资本运作方式下的"以股抵债"的冷思考》，《中国证券期货》，2012 年第 2 期。

［63］ 国家新闻出版广电总局发展研究中心：《中国广播电影电视发展报告（2013)》，社会科学文献出版社，2013 年版。

［64］ 崔保国：《2013 年中国传媒发展报告》，社会科学文献出版社，2013 年版。

［65］ 朱忠明、赵岗：《中国股权投资基金发展新论》，中国发展出版社，2012 年版。

［66］ 中国股权投资基金协会：《中国股权投资基金手册》，首都经济贸易大学出版社，2012 年版。

［67］ 王亚宁：《达晨创投刘昼：十年磨一剑》，《股市动态分析》，2009

我国广电集团资本运作研究
Research on the Capital Operation of Broadcasting
and Television Group in China

年第 39 期。

　　［68］夏欣：《风险投资：我国传媒行业融资、发展的新途径》，《新闻研究导刊》，2012 年第 4 期。

　　［69］中国投资协会股权和创业投资专业委员会：《创投中国Ⅱ.优秀创投案例》，中国经济出版社，2013 年版。

　　［70］周正兵、郑艳：《发展文化产业投资基金的思考》，《宏观经济管理》，2008 年第 4 期。

　　［71］黄庆贺：《文化产业投资基金探究》，《会计师》，2013 年第 10 期。

　　［72］苏朝勃、石莉萍：《传媒并购加速动因的经济学思考》，《财务与金融》，2012 年第 5 期。

　　［73］朱宝宪、朱朝华：《我国企业并购过程中的风险介析》，《商业研究》，2003 年第 9 期。

　　［74］童清艳、王卓铭：《中国传媒并购行为动因及风险规避》，《新闻记者》，2006 年第 3 期。

　　［75］崔保国：《中国传媒产业发展报告（2014）》，社会科学文献出版社，2014 年版。

　　［76］郭全中：《传媒集团的收购趋势》，《传媒评论》，2014 年第 1 期。

　　［77］张寅盈：《从世界典型传媒集团发展看企业并购的优缺点及启示》，《新闻世界》，2013 年第 4 期。

　　［78］张燕、郭晶：《新编资本运营》，经济科学出版社，2010 年版。

　　［79］马瑞清、［澳］安迪·莫（Andy Mo）、［澳］珍妮丝·马：《企业兼并与收购》，《企业资本运营实务系列丛书》，中国金融出版社，2011 年版。

　　［80］文宗瑜、张晓杰：《企业战略与资本运营》（第二版），经济科学出版社，2012 年版。

　　［81］苗圩：《推动国有企业完善现代企业制度》，选自《中共中央关于全面深化改革若干重大问题的决定》辅导读本，人民出版社，2013 年版。

　　［82］宁向东等：《国有企业改革与董事会建设》，中国发展出版社，2013 年版。

［83］李荣融：《遵循规律办企业》，中国经济出版社，2013 年版。

［84］陈佳贵：《中国企业的改革、管理与发展》，中国社会科学出版社，2009 年版。

［85］金碚等：《中国国有企业发展道路》，经济管理出版社，2013 年版。

［86］吕政、黄速建：《中国国有企业改革 30 年研究》，经济管理出版社，2008 年版。

［87］闵乐、马刚：《国有资本的运营公司与投资公司有何不同？》，《现代国企研究》，2014 年第 5 期。

［88］上海国有资本运营研究院课题组：《加快推进上海市属国资国企证券化、资本化研究》，《上海行政学院学报》，2013 年第 1 期。

［89］国务院国资委产权管理局：《国资新局：企业国有产权管理经典案例1》，中信出版社，2013 年版。

［90］白英姿：《中央企业并购整合案例精选》，中国经济出版社，2013 年版。

［91］孔德昌：《国有商业银行股份制改革理论与实践》，经济科学出版社，2011 年版。

［92］盛毅：《中国企业集团发展的理论与实践》，人民出版社，2010 年版。

［93］文宗瑜、张晓杰：《企业战略与资本运营》（第二版），经济科学出版社，2012 年版。

［94］熊忠辉：《中国广电集团的发展模式——以苏、沪、湘三家省级集团为主要研究对象》，《视听界》，2011 年第 3 期。

［95］王云峰：《湖南广电产业运作的实践与思考》，《声屏世界》，2010 年第 5 期。

［96］王跃进：《广电传媒集团经营管控刍议》，《中国广播电视学刊》，2012 年第 12 期。

后　记

　　博士后出站以后，在从事国有资本运营工作中，我对广电集团资本运作有了更深、更全面的认识，决定在博士后研究基础上进一步深入研究。本书正是深入研究取得的成果，是认识全面提升的成果，是实用性更强的成果。与博士后研究成果相比，本书不仅删除了可能影响商业利益的内部数据和对策建议，充实更新了内容，修改完善了提法，更重要的是提出了一些新的观点和思路，给出了更具体的、更有实操性的对策建议。实践出真知，没有直接从事国有资本运营工作，就不会有这些新观点、新思路和新对策建议。首先，感谢在广东省国有资本运营工作中给予我指导、帮助、支持的各位同人。其次，本书的一部分基础资料和观点源于博士后研究，感谢深圳广播电影电视集团博士后工作站的合作导师、领导和员工，感谢中国博士后科学基金会的资助（资助编号：2014M552237）。最后，要感谢我的家人，特别要感谢我的父亲，在父亲的引导下，我在少年时期就拜读了毛泽东的《实践论》，从此以《实践论》指导自己的学习、研究和工作。